O tesouro escondido

COLEÇÃO *dádivas do infinito*
Coleção Dádivas do Infinito

O tesouro escondido: para uma busca interior
José Tolentino Mendonça

Pai nosso que estais na terra: o Pai-Nosso aberto a crentes
e não crentes
José Tolentino Mendonça

Nenhum caminho será longo: para uma teologia da amizade
José Tolentino Mendonça

José Tolentino Mendonça

O tesouro escondido
Para uma busca interior

Paulinas

Dados Internacionais de Catalogação na Publicação (CIP)
(Câmara Brasileira do Livro, SP, Brasil)

Mendonça, José Tolentino
 O tesouro escondido : para uma busca interior / José Tolentino Mendonça. – São Paulo : Paulinas, 2012. – (Coleção dádivas do infinito)

 ISBN 978-85-356-3301-6
 ISBN 978-989-673-140-3 (ed. original)

 1. Deus - Conhecimento 2. Deus - Onipotência 3. Espiritualidade 4. Vida cristã I. Título. II. Série.

12-10312   CDD-248.4

Índices para catálogo sistemático:
1. Espiritualidade : Cristianismo 248.4
2. Vida espiritual : Cristianismo 248.4

1ª edição – 2012
7ª reimpressão – 2024

Título original: *O Tesouro escondido: Para uma busca interior*
© Fevereiro 2011, Instituto Missionário Filhas de São Paulo – Prior Velho, Portugal

Direção-geral: *Bernadete Boff*
Editora responsável: *Vera Ivanise Bombonatto*
Copidesque: *Cirano Dias Pelin*
Coordenação de revisão: *Marina Mendonça*
Revisão: *Marina Siqueira*
Gerente de produção: *Felício Calegaro Neto*
Assistente de arte: *Ana Karina Rodrigues Caetano*
Projeto gráfico: *Telma Custódio*

Nenhuma parte desta obra poderá ser reproduzida ou transmitida por qualquer forma e/ou quaisquer meios (eletrônico ou mecânico, incluindo fotocópia e gravação) ou arquivada em qualquer sistema ou banco de dados sem permissão escrita da Editora. Direitos reservados.

Cadastre-se e receba nossas informações
paulinas.com.br
Telemarketing e SAC: 0800-7010081

Paulinas
Rua Dona Inácia Uchoa, 62
04110-020 – São Paulo – SP (Brasil)
✆ (11) 2125-3500
✉ editora@paulinas.com.br

© Pia Sociedade Filhas de São Paulo – São Paulo, 2012

Que morada me irá receber? Em que vale
Encontrarei o meu porto? Em que bosque
Criarei o meu lar?

[What dwelling shall receive me? In what vale
Shall be my harbour? Underneath what grove
Shall I take up my home?]

WILLIAM WORDSWORTH

A lâmpada de Deus não se apagou

Comecemos, talvez de um modo desajeitado, perguntando: o nosso mundo interior é uma cebola ou uma batata? A pergunta faz-nos sorrir, é um bocado inusitada, mas, se quisermos, acaba por colocar-nos perante a nossa realidade de uma forma bastante profunda. A pergunta pode ser feita numa cozinha, por uma criança que está descobrindo o mundo, pode ser proferida por filósofos nas suas reflexões ou ser formulada por um mestre espiritual. O nosso mundo interior é uma cebola ou uma batata? Nietzsche, por exemplo, dizia que "tudo é interpretação", isto é, não há um núcleo de Ser sustentando a nossa experiência de vida, tudo são cascas de cebola, modos de ver, perspectivas, interpretações. Para lá disso não há mais nada. A visão cristã do mundo está certamente do lado da batata, pois defende que, *mesmo escondida por uma crosta ou por um véu, está uma realidade que é substanciosa e vital.* A verdade é que, mesmo sabendo que a vida é uma batata, nós a vivemos, muitas vezes, como se fosse uma cebola. Vivemos de opiniões, de verdades parciais e provisórias, de paixões, vivemos aparências e modas como se a vida fosse isso. Esgotamo-nos desfilando cascas e camadas, sem um centro que nos dê realmente acesso ao pleno sentido. Há uma escritora contemporânea, Susan Sontag, que diz que a nossa existência como que fica sequestrada neste sem-fim de interpretações que nos distraem da viagem essencial. Não habitamos em nós próprios, levados por ideias, pontos de vistas, absolutizações das circunstâncias, cascas e mais cascas. Segundo ela, o mais urgente seria *apurar e aprofundar* os nossos sentidos, aprendendo a ver melhor, a sentir melhor, a escutar melhor.

Na vida espiritual também é isso o mais importante. Simone Weil escrevia: "A oração é feita de atenção. É a orientação para Deus de toda a atenção de que a alma é capaz. Da qualidade da atenção depende em muito a qualidade da oração". Ao iniciarmos este tempo de vida interior, sintamos o desafio da atenção, da vigilância, que outra coisa não é que, confiadamente, *ver melhor, sentir melhor, escutar melhor o que Deus revela em nós.* Deixemos a nossa confusão de cebola. A Bíblia, que é para os crentes um autêntico manual de introdução à aventura espiritual, oferece-nos muitos exemplos de como é necessário readquirir esta atenção interior, para escutar Deus que nos fala. Tomemos dois textos para a nossa reflexão.

Primeiro, o episódio inaugural da vocação de Moisés, no deserto:

> Moisés era pastor das ovelhas de Jetro, seu sogro, sacerdote de Madiã. Certo dia, levou as ovelhas deserto adentro e chegou ao monte de Deus, o Horeb. Apareceu-lhe o anjo do SENHOR numa chama de fogo, do meio de uma sarça. Moisés notou que a sarça estava em chamas, mas não se consumia. Pensou: "Vou aproximar-me para admirar esta visão maravilhosa: como é que a sarça não para de queimar?". Vendo o Senhor que Moisés se aproximava para observar, Deus o chamou do meio da sarça: "Moisés! Moisés!". Ele respondeu: "Aqui estou!" (Ex 3,1-4).

Reparemos no verbo que Moisés utiliza: "vou aproximar-me". Quer dizer, vou avizinhar-me o mais possível, vou colocar-me dentro, vou como que mergulhar no que está diante de mim. Quando ele deixou de satisfazer-se com as visões parciais, distanciadas e nebulosas, quando desejou com todas as forças uma certeza clara para as perguntas do seu coração, diz-nos o Livro do Êxodo que "o Senhor o viu... e chamou". O Senhor está pronto a chamar-nos. Adentremo-nos. Deixemos uma espiritualidade vaga, onde somos espectadores dispersos. Busquemos aquele que confirma, aquele que dá consistência ao nosso desejo.

Aprendamos com o relato da vocação do profeta Samuel:

> O jovem Samuel servia ao SENHOR sob as ordens de Eli. Naquele tempo a palavra do SENHOR era rara e as visões não eram frequentes. Certo dia, Eli estava dormindo no seu quarto. Seus olhos começavam a enfraquecer e já não conseguia enxergar. A lâmpada de Deus ainda não se tinha apa-

gado e Samuel estava dormindo no santuário do SENHOR, onde se encontrava a arca de Deus. Então, o SENHOR chamou: "Samuel, Samuel!" – "Estou aqui", respondeu, e correu para junto de Eli: "Tu me chamaste, aqui estou". Eli respondeu: "Eu não te chamei. Volta a dormir!". E ele foi deitar-se. O SENHOR chamou de novo: "Samuel, Samuel!". E Samuel levantou-se, foi ter com Eli e disse: "Tu me chamaste, aqui estou". Eli respondeu: "Não te chamei, meu filho. Volta a dormir!". (Samuel ainda não conhecia o SENHOR, pois, até então, a palavra do SENHOR não se tinha manifestado a ele.) O SENHOR chamou pela terceira vez: "Samuel, Samuel!". Ele levantou-se, foi para junto de Eli e disse: "Tu me chamaste, aqui estou". Eli compreendeu então que era o SENHOR que estava chamando o menino e disse a Samuel: "Volta a deitar-te e, se alguém te chamar, responderás: "Fala, SENHOR, que teu servo escuta!" E Samuel voltou a seu lugar para dormir. O SENHOR veio, pôs-se junto dele e chamou-o como das outras vezes: "Samuel! Samuel". E ele respondeu: "Fala, que teu servo escuta". (1Sm 3,1-10).

"Naquele tempo a palavra do SENHOR era rara e as visões não eram frequentes." Parece um sumário realista da nossa experiência: também o nosso quotidiano torna-se rarefeito, fragmentário e ausente em relação à manifestação de Deus. Porém, sublinhemos a frase extraordinária do autor sagrado: "A lâmpada de Deus ainda não se tinha apagado". Deus é fiel à *pessoa humana* e à história. Mesmo em situações e idades agitadas por ventos e turbulências, a nossa confiança reside aí: "A lâmpada de Deus não se apagou".

Diz-nos o texto que Samuel ainda não conhecia o Senhor: e nós, conhecemo-lo? Samuel sente-se chamado, mas reage equivocadamente, pensando que é Eli que o está interpelando. *Até que é ajudado a voltar-se para o Senhor* e a orar: "Fala, que teu servo escuta!". O Senhor não deixa de comunicar-nos, mas é preciso uma pedagogia espiritual que nos ajude a fazer voltar para ele os nossos sentidos interiores. "Voltar-se para o Senhor" é o sentido literal da palavra conversão. O caminho crente é esse exercício pedagógico e prático de conversão, essa oportunidade real de mudança que Deus nos oferece. Nas horas noturnas ou solares da nossa vida, nas horas que estamos vivendo, rezemos com inteireza de alma a oração do jovem Samuel: "Fala, que teu servo escuta!".

Um último aspecto: peçamos, para este itinerário, o dom do silêncio. Como diz o poema de Sophia de Mello Breyner Andresen, digamos nós:

Deixai-me limpo
O ar dos quartos
E liso
O branco das paredes
Deixai-me com as coisas
Fundadas no silêncio.

Os nossos sentidos espirituais abrem-se e maturam melhor no silêncio. Mergulhemos nele os trilhos do nosso caminho. É esse o conselho que os mestres espirituais cristãos unanimemente nos fazem para passarmos da cebola à humilde, mas substanciosa e vital, batata. O conselho de Arsênio era este: "Foge. Cala-te. Permanece no recolhimento". Poemen garantia: "Se fores realmente silencioso, em qualquer lugar onde estiveres encontrarás repouso". João Clímaco, na primeira metade do século VII, escreveu: "O amigo do silêncio aproxima-se de Deus e, encontrando-

-se com ele em segredo, recebe a sua luz". Isaac de Nínive prescrevia aos que o procuravam: "Ama o silêncio acima de todas as coisas; ele te concede um fruto que à língua é impossível descrever... Dentro do nosso silêncio nasce alguma coisa que nos atrai ao silêncio. Que Deus te conceda perceber aquilo que nasce do silêncio".

Não temos de temer o silêncio, que é a respiração da vida interior. Somos chamados, sim, a abraçá-lo. Gosto daquela frase conhecida do designer italiano Bruno Munari: "Uma árvore é uma semente que cresce devagar e em silêncio".

Acende a tua candeia

E se uma mulher tem dez moedas de prata e perde uma, não acende a lâmpada, varre a casa e procura cuidadosamente até encontrá-la? Quando a encontra, reúne as amigas e vizinhas, e diz: "Alegrai-vos comigo! Encontrei a moeda que tinha perdido! Assim, eu vos digo, haverá alegria entre os anjos de Deus por um só pecador que se converte" (Lc 15,8-10).

Esta parábola aparece-nos no capítulo 15 do Evangelho de São Lucas e ombreia com outras duas, talvez mais conhecidas e utilizadas pela Liturgia, as parábolas da *ovelha perdida* e do *filho pródigo*. Por isso, este importante capítulo 15 é também chamado por alguns "o Evangelho dos perdidos". A experiência de perda marca a nossa existência de várias formas. Perdemo-nos do Pai e da casa paterna. Perdemo-nos na fraternidade. Perdemo-nos no tempo e no redil. Perdemo-nos... Há um espiritual negro que canta: "Por vezes sinto-me perdido como criança sem mãe/Por vezes sinto-me perdido como criança sem mãe". Ao fazermos o balanço deste tempo da nossa vida, assomam, naturalmente, ao nosso coração as suas perdas. Jesus ajuda-nos a encontrarmo-nos, sem disfarçar ou minorar o dramatismo dos nossos desencontros, mas mostrando que eles podem constituir oportunidades para "aproximar-se" no conhecimento de Deus e de nós mesmos. Como Moisés, somos chamados a dizer: "Vou aproximar-me para admirar esta visão maravilhosa: como é que a sarça não para de queimar?" (Ex 3,3). O paradoxo do amor de Deus é este: pelas perdas ficamos conhecendo, por exemplo, até que ponto o pastor está disposto a ir para resgatar a ovelha perdida. Ele vasculha o mundo "até encontrá-la" (Lc 15,4). E quando a encontra, "alegre a põe nos ombros" (Lc 15,5). Ficamos com o inesquecível retrato daquele Pai que, literalmente, "cobre de beijos" (cf. Lc 15,20) as feridas de amor de ambos os filhos.

Neste contexto, a pequena parábola de Lc 15,8-10 tem um sabor especial. Diferentemente das outras, ela conta uma perda interior, quase íntima: há uma parte do tesouro que se perde dentro da própria casa. Penso que, sem grandes explicações, todos sabemos o que é isso. Reparem: não perdemos tudo, nem a maior parte sequer. De dez moedas a mulher perdeu uma. Quase não se dá por nada. Mas quem vive essa perda percebe o que isso representa: um arrefecimento, um abrandamento, uma quebra na inteireza de vida, na unidade ampla do sim de amor que nos constitui. É algo semelhante ao que o Espírito critica à Igreja de Éfeso no Livro do Apocalipse: "Conheço a tua conduta, o teu esforço e a tua constância. [...] És perseverante. Sofreste por causa do meu nome e não desanimaste. Mas tenho contra ti que abandonaste o teu primeiro amor" (Ap 2,2-4). Tendo perdido uma moeda, a vida continua, mas não da mesma maneira.

A maior parte das vezes, o nosso pecado não é apenas deixarmo-nos aprisionar a males concretos, mas é perdermos uma medida alta, exigente e vigilante, a medida profética e inteira do Reino em nós, e conformarmo-nos a isso, como se não nos fizesse realmente falta. Este é um problema espiritual típico de uma vida adulta, de um Cristianismo avançado, em que nos espreitam as tentações do cinismo e do desleixo em relação ao "primeiro amor". Mais depressa pomo-nos à procura de umas chaves ou de umas moedas que não sabemos onde estão. Habituamo-nos, assim, a uma vida espiritual diminuída, amolecida, feita de meias tintas e de meias verdades, e falta-nos a ousadia das verdades inteiras. Desistimos momentaneamente de viver de Deus e de Deus só. Mas é isso que queremos?

Escreve a poeta Sophia de Mello Breyner Andresen:

Meia verdade é como habitar meio quarto
Ganhar meio salário
Como só ter direito
A metade da vida.

De que nos alimentamos e como vivemos nós? Vida inteira ou meia vida?

Acende a tua candeia

Reaprender a arte da busca

A mulher tinha dez moedas e, tendo perdido uma, não pensou comodamente que ainda ficaria com nove: decidiu procurar a parte perdida do seu tesouro. "És tu, Senhor, a minha esperança, és minha confiança, SENHOR, desde a minha juventude", reza o Sl 71,5. E há uma juventude de alma que aqui se propõe. A mulher não culpou ninguém pela perda, não procurou bodes expiatórios, não ficou de mau humor, nem deprimida..., mas também não se deixou ficar de braços cruzados. E nós? Se calhar, ainda nos restam nove, ou sete, ou cinco, ou três moedas... E podemos tentar consolar e enganar-nos com elas, fingindo que não damos pela falta de uma outra vida, de um novo frescor, de um coração inteiro. O primeiro momento da reconciliação é a decisão interior que nos leva a retomar, precisamente, a arte da busca e da inteireza. "Para ser grande, sê inteiro", dizia Fernando Pessoa. E o grande desafio da vida espiritual não é, claro, o da grandeza, mas o da inteireza. Sermos nós mesmos.

A pequena parábola de Lc 15,8-10 oferece-nos uma espécie de pedagogia da inteireza, propondo-nos um itinerário em quatro pontos:

Acender a luz

Às escuras não vejo nada, repito apenas a escuridão que tende a ampliar-se e a confundir-nos. Preciso, por isso, da luz de Deus para poder olhar-me. "A lâmpada de Deus não se apagou" (cf. 1Sm 3,3). O importante, nos balanços espirituais que podemos fazer da nossa história, não é tanto a mera perscrutação com os nossos olhos humanos. Como bem explica São Paulo, "agora nós vemos num espelho, confusamente" (1Cor 13,12). "Esta era a luz verdadeira, que vindo ao mundo a todos ilumina", diz-nos o prólogo de São João (Jo 1,9). Acendamos a palavra do Verbo de Deus no nosso coração, tomemos Jesus como critério. "Pois em ti está a fonte da vida e à tua luz vemos a luz" (Sl 36,10). "Quanto tempo perdido, quanto trabalho adiado, por inadvertência deste ponto. Tudo se define a partir de Cristo" – recordou-nos com audácia Bento XVI na sua recente visita a Portugal (Homilia nos Aliados, Porto).

Cumpra-se a promessa de Isaías que os Evangelhos ecoam: "O povo que estava nas trevas viu uma grande luz, para os habitantes da região sombria da morte uma luz surgiu" (Mt 4,16). Façamos nossa a oração de Pedro: "A quem iremos, Senhor? Tu tens palavras de vida eterna" (Jo 6,68).

Varrer

Varrer é um verbo ativo. Não fico apenas lamentando o sucedido. Aceito "varrer", limpar, transformar, aclarar. Amontoam-se poeiras e desordens de todo o tipo. Penso, muitas vezes, no minúsculo planeta do Pequeno Príncipe, a personagem criada por Saint-Exupéry.

Como em todos os planetas, no planeta do Pequeno Príncipe havia ervas boas e ervas daninhas e, logo, sementes boas de ervas boas e sementes daninhas de ervas daninhas. Mas as sementes são invisíveis. Dormem no segredo da terra até que a uma lhe dê para acordar... Então, espreguiça-se e começa a lançar timidamente um pequeno rebento inofensivo e encantador em direção ao sol. Se é um rebento de rabanete ou de roseira, pode crescer à vontade. Mas mal

Acende a tua candeia 17

se perceba que é de uma planta daninha, é preciso arrancá-lo imediatamente. No planeta do Pequeno Príncipe havia umas sementes terríveis... eram as sementes de baobá. O solo estava infestado delas. Ora, se só se reparar num baobá quando este já for bastante grande, nunca mais ninguém se vê livre dele. Atravanca o planeta todo. Esburaca-o com as raízes. E um planeta muito pequeno, com muitos baobás, acaba fatalmente por explodir. "É uma questão de disciplina", dizia-me, dias depois, o Pequeno Príncipe. "De manhã, quando nos levantamos, lavamo-nos e arranjamo-nos, não é? Pois lá também é preciso ir limpar e arranjar o planeta..." Às vezes, não faz mal nenhum deixar um trabalho para depois. Mas com os baobás..., é sempre uma catástrofe. Uma vez fui a um planeta habitado por um preguiçoso. Havia deixado três arbustos...

Mesmo se a nossa vida se parece com um ínfimo planeta, os trabalhos são inúmeros e diários. No fundo, trata-se de aceitar que a vida reclama de mim, nesta hora, um enérgico sim. Tenho de lutar para ser eu. Se não varrer a minha casa, ela deixa de ser habitável, deixa de ser minha...

No diário de Paul Claudel há uma frase curiosa: "A vida espiritual não é uma questão de portas, mas de janelas". De fato, não se trata de sair do que sou ou de buscar na exterioridade a solução, mas de abrir as janelas e deixar o ar de Deus entrar, deixar circular o vento do Espírito.

Buscar cuidadosamente

A nossa busca de conversão não é exterior. Não pretendemos chegar a fazer uma tabela ou uma lista onde amontoamos as nossas imperfeições, como se entre elas não existisse um nexo..., e nesse nexo não estivesse, de fato, o que eu sou. Há razões de fundo e obstáculos interiores em nós que é necessário identificar. "Buscar cuidadosamente", ensina a mulher da parábola. Nós também temos de ir ao fundo e procurar a raiz daquilo que nos desvitaliza espiritualmente. Talvez seja um enorme, um terrível medo... Talvez seja uma insegurança fundamental no amor de Deus... Talvez me falte a confiança e também, por isso, a minha coragem é incipiente... Talvez tudo nasça de uma incapacidade de perdoar, isto é, de sobrepor às feridas e humilhações sofridas a certeza de que o amor é o único bem... Eu procuro cuidadosamente. Pudéssemos nós dizer, com Santa Teresa Benedita da Cruz: "A minha busca da verdade foi autenticamente uma oração".

"Alegrai-vos comigo!"

A reconciliação ficaria inacabada se ela não desembocasse num reencontro com a alegria. Muitas vezes, a alegria é circunstancial: contamos ou ouvimos uma história engraçada, há uma situação divertida que se cria etc. Mas a mulher alude a uma coisa diferente quando diz: "Alegrai-vos comigo!". Há uma genuína e transbordante alegria por aquilo que Deus faz acontecer em nós: a revitalização surpreendente e pascal da nossa vida. A alegria não é, então, um aparato exterior, mas nós mesmos nos tornamos motivo de alegria uns para os outros, uma alegria sentida não apenas na terra, mas que invade os próprios céus.

Acende a tua candeia 19

Um tesouro escondido

O Reino dos Céus é como um tesouro escondido num campo. Alguém o encontra, deixa-o lá bem escondido e, cheio de alegria, vai vender todos os seus bens e compra aquele campo. O Reino dos Céus é também como um negociante que procura pérolas preciosas. Ao encontrar uma de grande valor, ele vai, vende todos os bens e compra aquela pérola (Mt 13,44-46).

Como o homem da parábola de Jesus, nós encontramos um tesouro: o próprio amor de Deus. Sabemos onde ele se encontra, mas ainda não nos deixamos possuir por ele completamente, ainda vivemos numa tensão para torná-lo realmente presente em nós. É esse o peregrinar da Fé na história, um caminho sempre inacabado, trilhado na esperança. Sobre essa esperança o Papa Bento XVI escreveu linhas incisivas:

> [...] A "redenção", a salvação, segundo a fé cristã, não é um simples dado de fato. A redenção é-nos oferecida no sentido que nos foi dada a esperança, uma esperança fidedigna, graças à qual podemos enfrentar o nosso tempo presente: o presente, ainda que custoso, pode ser vivido e aceite, se levar a uma meta e se pudermos estar seguros desta meta, se esta meta for tão grande que justifique a canseira do caminho. [...]". (*Spe Salvi*, Introdução, n. 1).

A parábola é de um grande realismo: encontrar é só o princípio, sem dúvida muito belo e galvanizador, mas encontrar ainda não é possuir. O que é que nos falta para nos tornarmos proprietários do nosso tesouro? A dar crédito à história de Jesus, temos de voltar a esconder o tesouro no lugar onde o encontramos, ir vender tudo o que possuímos e voltar para comprar o campo ou a pérola. Poderíamos pensar que um negociante "que busca boas pérolas" viesse apetrechado do necessário para as adquirir imediatamente assim que as encontrasse. Mas a parábola previne-nos, precisamente, contra esta mentalidade imediatista, feita de emoções muito espontâneas. A Fé é uma história de fidelidade que se constrói, não é o mero entusiasmo de um momento.

Temos de estar contentes por termos encontrado o tesouro. Porém seria uma ingenuidade ou um equívoco enganador pensar que o possuímos já. Ter encontrado relança-nos de novo no caminho da busca. Quantas vezes a vida espiritual não é precisamente isso: a busca longa, demorada, paciente e comprometida daquilo ou daquele que já encontramos. Não seríamos buscadores de Deus se não o tivéssemos já encontrado, mas o desejo de um amor incondicional faz-nos perceber que o primeiro encontro é apenas o começo. Nada está concluído, pois tudo se amplia. Foi essa a lição que Pedro recebeu de Jesus quando, pensando que seria já tocar todos os máximos, perguntou se no perdão deveríamos ir até sete vezes. "Digo-te, não até sete vezes, mas até setenta vezes sete vezes" (Mt 18,22), foi o que ouviu. Há sempre um horizonte novo que Deus abre à nossa humanidade. Como dizia o Cardeal Newman, a Fé é sempre *desenvolvimento* e, precisamente assim, maturação da alma para a *verdade*: "Aqui, na terra, viver é mudar, e a perfeição é o resultado de muitas transformações".

Que faz o negociante da parábola? Volta a esconder o tesouro. Que decisão estranha, podemos pensar, e no entanto carregada de sabedoria espiritual. Se nos pomos a exibir o tesouro sem o possuirmos plenamente, arriscamo-nos a pôr tudo em causa e a perder o que julgávamos, apressadamente, possuir. A semente que brota mais depressa é a que cai em terreno pedregoso, onde não há muita profundidade de terra, mas, quando o sol se ergue, é queimada e, por não ter raiz, seca (cf. Mc 4,5-6). Com o amor também é assim. Podemos alardear este ou aquele interesse, mas um amor verdadeiro precisa ser amadurecido no silêncio e na intimidade. A experiência espiritual que tinha São João da Cruz leva-o a descrever assim o amor: "[...] manso e amoroso acordas... onde em segredo, solitário, moras". Para o Santo de Ávila, "a maior necessidade que temos para progredir é calar o apetite e a língua diante deste grande Deus, pois a linguagem que ele mais ouve é o amor calado". Se nos precipitamos a trazer o amor à luz cedo demais, ele se enfraquece, confunde-se com uma vaidade, mais um dos nossos troféus, e corre o risco de banalizar-se. Recomendava Kierkegaard: "Deliciosa ocupação é deixar amadurecer um segredo".

O desejo do amor é o escondimento. A amada do Cântico dos Cânticos confessa acerca do seu amado: "Anseio sentar-me à sua sombra" (cf. Ct 2,3). E a sua oração é uma súplica de amor: "Leva-me atrás de ti. Corramos! Que o rei me introduza nos seus aposentos: [...]" (Ct 1,4). O autor da Carta aos Colossenses como que alarga este estatuto a todos os cristãos, quando diz: "Pois morrestes, e a vossa vida está escondida com Cristo em Deus" (Cl 3,3). É necessário esconder o tesouro, se o queremos verdadeiramente possuir. É interessante lembrarmos que os Padres do Deserto diziam que a única aspiração de um cristão era viver "como um homem que não existe, que não se vê". Nós vivemos no mundo e nele temos os nossos empenhos, a nossa missão, mas não lhe pertencemos (cf. Jo 15,19): é necessária esta espécie de subtração afetiva, esta vida escondida. "Pois onde estiver o vosso tesouro, aí estará também o vosso coração" (Lc 12,34). Mas onde é que está o nosso tesouro?

Sem solidão é impossível viver uma vida espiritual. A solidão é reservar um tempo e um lugar para Deus e para Deus só. Jesus retirava-se e escondia-se de todos para orar (cf. Mc 1,35). Na solidão buscada, Jesus tornava-se livre para conhecer o Pai e tomar posse do tesouro que esse conhecimento significa. Por isso, as obras que ele realizava não eram suas, a vontade que ele perseguia não era apenas a sua, nem as palavras que transmitia. "O meu alimento [nós podemos ler: o meu tesouro] é fazer a vontade daquele que me enviou [...]" (Jo 4,34).

A recomendação que Jesus faz aos discípulos é que eles busquem o Pai que vê no segredo:

Quando orardes, não sejais como os hipócritas, que gostam de orar nas sinagogas e nas esquinas das praças, em posição de serem vistos pelos outros. Em verdade vos digo: já receberam a sua recompensa. Tu, porém, quando orares, entra no teu quarto, fecha a porta e ora ao teu Pai que está no escondido. E o teu pai, que vê no escondido, te dará a recompensa (Mt 6,5-6).

Quando vivemos para sermos vistos, falseamos a verdade profunda para a qual a nossa vida deve tender. Quando vivemos só de ação e de resultados, tornamo-nos possessivos e com menos capacidade de acolher e partilhar. Na solidão, porém, entramos em nosso quarto e fechamos a porta, podemos desmascarar, lentamente, a ilusão da posse e do domínio e descobrir no fundo de nós mesmos que a vida espiritual não se trata de uma conquista a defender, mas de um dom a repartir. É precisamente quando estamos mais sós, quando somos mais nós mesmos, sem subterfúgios nem evasões, que Deus se manifesta mais perto de nós. Aí fazemos a experiência de Deus como Pai amoroso que nos conhece melhor do que nós nos conhecemos a nós mesmos. Lembremos as palavras intensíssimas e esclarecedoras das *Confissões* de Santo Agostinho:

Tarde te amei, beleza tão antiga e tão nova, tarde te amei! E eis que estavas dentro de mim e eu fora, e aí te procurava, e eu, sem beleza, precipitava-me nessas coisas belas que tu fizeste. Tu estavas comigo e eu não estava contigo. Retinham-me longe de ti aquelas coisas que não seriam se em ti não fossem. Chamaste e clamaste e rompeste a minha surdez; brilhaste, cintilaste e afastaste a minha cegueira; exalaste o teu perfume, e eu respirei e suspiro por ti; saboreei-te, e tenho fome e sede; tocaste-me, e inflamei-me no desejo da tua paz (*Confissões*, X, XXVII).

No escondimento descobrimos o Espírito que nos foi dado. Os sofrimentos e combates que enfrentaremos na solidão tornam-se progressivamente uma estrada para a esperança, pois encaminha-nos para a fonte de esperança que é a presença de Deus na nossa vida. Na solidão nós somos conduzidos à verdade e compreendemos que somos o que Deus nos faz ser. Há uma aceitação que vence o medo: "No amor não há medo. Ao contrário, o perfeito amor lança fora o medo, [...]" (1Jo 4,18). A solidão torna-se, então, um lugar de conversão. Na verdade, é à luz da presença de Deus que podemos ver quem somos.

Que desejamos nós, verdadeiramente? Quando nos detemos a escutar com maior profundidade a nossa alma, a palavra que mais ouvimos é a palavra "comunhão". Comunhão significa "união com". Deus deu-nos um coração que aspira à comunhão, e sem ela inquieta-se e enfraquece. A grande tentação que nos assalta é duvidarmos do nosso desejo de comunhão. A personagem da parábola é um grande exemplo para nós: "[...] cheio de alegria, vai vender todos os seus bens e compra aquele campo". Proporciona-nos uma imagem da comunhão total, aquela que hipoteca por inteiro todo o nosso ser. O amor é isso: despojamento, escolha e aceitar ser entregue. Nas palavras eucarísticas de Jesus – "Isto é o meu corpo, que é dado por vós" (Lc 22,19) –, temos a prova e o relato do amor que agora nos cabe viver.

Os velhos deviam ser como exploradores

Há um poema de T. S. Eliot que diz:

> Os velhos deviam ser como exploradores...
> Caminhando sempre em direção a uma nova intensidade,
> a uma união mais alta, uma comunhão mais profunda...
> ....
> No meu fim está o meu início.

"Os velhos deviam ser como exploradores." Toda a História da Salvação, desde o seu começo, é um antídoto contra a desistência. No seu conjunto, a Bíblia conta mais primaveras que outonos, e algumas delas bem tardias e inesperadas. "[...] derramarei o meu espírito sobre todos os viventes. E, então, todos os vossos filhos e filhas falarão como profetas: Os anciãos receberão em sonhos suas mensagens [...]" (Jl 3,1). É possível os anciãos terem sonhos? Normalmente, pensa-se que os sonhos pertencem à primeira etapa da vida: a seguir, estamos condenados a somar receios, prudências e temores.

"Os velhos deviam ser como exploradores" – a Bíblia sabe isso. Revisitemos a história de Abraão. Em Gn 12,1-4, pode-se ler:

> O Senhor disse a Abrão: "Sai de tua terra, do meio de teus parentes, da casa de teu pai, e vai para a terra que eu vou te mostrar. Farei de ti uma grande nação e te abençoarei: engrandecerei o teu nome, de modo que ele se torne uma bênção. Abençoarei os que te abençoarem e amaldiçoarei os que te amaldiçoarem. Em ti serão abençoadas todas as famílias da terra". Abrão partiu, como o Senhor lhe havia dito, [...]. Abrão tinha setenta e cinco anos ao partir de Harã.

Chamado por Deus para encetar uma nova História, quando pensava que a sua já havia terminado, Abraão vai experimentar essa palavra como desafio inesperado à saída de si, à superação do seu contexto interior e até sociológico. Quando Deus toma a iniciativa, aquele homem rompe não apenas com o cenário geográfico e familiar que eram toda a sua segurança, mas também com o que isso significava: a proteção de uma cidadania, de uma moldura familiar estável, de uma pertença. A vida dele parecia resolvida. Ora, a

Fé começa por ser, precisamente, desafio a transcendermos a resolução individual da nossa existência, ou as formas pretensamente definitivas que construímos para ela, e nos abrirmos, até o fim, ao impacto das surpresas de Deus. A Fé desinstala-nos para vivermos na dependência de Deus. Não há parques de estacionamento espirituais. Há, sim, a chamada ininterrupta para experimentar a itinerância de uma Promessa que é maior do que nós.

Aproximemos o texto de Gn 12,1-4, que acabamos de ler, daquele passo bem elucidativo do que pode ser o nosso conformismo e que vem descrito no Cântico dos Cânticos: "[...] (*ela*) Eu durmo, mas meu coração vigia. É a voz do meu amado a bater: (*ele*) 'Abre-me, ó minha irmã e amada, minha pomba, minha imaculada, pois minha cabeça está cheia de orvalho e meus cabelos, do sereno da noite'. (*ela*) 'Tirei minha túnica; vou vesti-la de novo? Lavei meus pés; vou tornar a sujá-los?'" (Ct 5,1-3). Assim somos nós, relutantes em relação aos apelos de Deus, mais preocupados com o nosso bem-estar imediato do que com o fazer incessante e comprometedor do Reino. Nem por acaso o modelo da Fé é um ancião que se torna viajante, um aposentado que se faz à estrada, um homem que em princípio devia estar a viver do rendimento dos seus bens e que Deus manda olhar para os vastos céus, como se ele fosse um jovem enamorado, cheio de futuro, com as mãos vazias e os olhos cheios. Mas a Fé quer-nos assim, o crente é assim: um peregrino com as mãos pobres e vazias e os olhos cheios.

> [...] o Senhor falou a Abrão numa visão, dizendo: "Não temas, Abrão! Eu sou teu escudo protetor, tua recompensa será muito grande". Abrão respondeu: "Senhor DEUS, que me haverás de dar? Eu me vou sem filhos, e o herdeiro de

minha casa é Eliezer de Damasco". E acrescentou: "Como não me deste descendência, um escravo nascido em minha casa será meu herdeiro". Então veio-lhe a palavra do Senhor: "Não será esse o teu herdeiro, um dos teus descendentes será o herdeiro". E, conduzindo-o para fora, disse-lhe: "Olha para o céu e conta as estrelas, se fores capaz!". E acrescentou: "Assim será tua descendência". Abrão teve fé no Senhor, que levou isso em conta de justiça (Gn 15,1-6).

"E, conduzindo-o para fora, [o Senhor] disse-lhe: 'Olha para o céu e conta as estrelas, se fores capaz!'" O Senhor conduz-nos para fora dos círculos fechados das nossas interrogações e evidências. A Fé é uma exterioridade, uma saída das nossas visões parcelares, um romper com as nossas perspectivas. "Olha para o céu..." Precisamos abrir as janelas que dão para o vasto céu, erguer os nossos olhos além do que se pode contar, contemplar a imensidão que é um sinal de Deus.

Escreve Paul Claudel no seu diário espiritual: "O segredo da santidade é deixar ser Deus a atuar e não colocar à sua vontade nenhum obstáculo". E, depois, acrescenta: É "uma confiança *naïve*". A verdade é que colocamos tantos entraves ao apelo, ao chamamento original que Deus deposita no nosso coração. Tornamo-nos calculistas até à exasperação, com uma prudência que, muitas vezes, é uma desculpa para não receber e expandir o amor de Deus. "Uma confiança ingênua." Precisamos de, em qualquer idade, e sobretudo à medida que avançamos na idade, reganhar espiritualmente um coração de criança.

[...] Os discípulos aproximaram-se de Jesus e perguntaram: "Quem é o maior no Reino dos Céus?". Jesus chamou uma criança, colocou-a no meio deles e disse: "Em verdade vos digo: se não vos converterdes e não vos tornardes como crianças, não entrareis no Reino dos Céus. Quem se faz pequeno como esta criança, esse é o maior no Reino dos Céus" (Mt 18,1-4).

Voltar a ser pequenino, no espanto e na confiança com que vivemos os caminhos de Deus. "Olha para o céu e conta as estrelas, se fores capaz!" Até o fim, contemplemos a imensidão de Deus, enchamos os nossos olhos da sua grandeza, do oceano sem fim do seu Amor. Levantar os olhos deslumbrados e confiantes para o céu é a atitude crente. Que os nossos olhos, feitos para olhar as estrelas, não morram olhando para os nossos sapatos.

Hoje, como nos diz a Carta aos Hebreus (12,1), continuamos rodeados por uma nuvem de testemunhas que atestam o tempo e o modo da aventura crente. Penso muito em Etty Hillesum, essa jovem de Amsterdã que nas horas mais sombrias do século XX descobre a Fé em Deus, com tanta intensidade e verdade aprende a orar e se oferece como voluntária para um campo de concentração, onde acaba depois por morrer. O seu *Diário* transmite um sopro de Espírito refrescante:

Meu Deus, agradeço-te por me teres criado como eu sou. Agradeço-te por, às vezes, poder estar cheia de vastidão, essa vastidão não é senão o estar repleta de ti.

Eu não estou parada aqui instalada num quarto sossegado com flores, mergulhada em poetas e pensamentos e louvando a Deus, isso seria bastante fácil; e também não creio ser como os meus bons amigos me chamam, enternecidos. Cada pessoa tem a sua realidade própria, eu sei, porém não sou nenhuma fantasista sonhadora, um tanto adolescente. Eu encaro o teu mundo olhos nos olhos, meu Deus, e não me refugio da realidade em sonhos belos e, apesar de tudo, continuo a louvar a tua criação, Deus! Bem podemos, às vezes, sentir-nos tristes e abatidos por causa daquilo que nos fazem, isso é humano e compreensível. Porém: o maior roubo que nos é feito somos nós mesmos que o fazemos. Eu acho a vida bela e sinto-me livre. Os céus dentro de mim são tão vastos como os que estão por cima de mim. Creio em Deus. Deus também não nos deve explicações pelas coisas sem sentido que nós próprios fazemos, somos nós quem temos de dar explicações. Já morri mil mortes em mil campos de concentração, sei de tudo e também já não fico apoquentada com novas notícias. De uma ou de outra forma, já sei tudo. E todavia, acho esta vida bela e cheia de sentido. De minuto a minuto.

Abraão constitui para todos os crentes um modelo. Sublinharia dois traços fundamentais no seu percurso de Fé. Abraão vive a sua Fé como uma forma de hospitalidade. Um exemplo bem claro é o do encontro em Mambré:

> Depois o Senhor apareceu a Abraão junto ao carvalho de Mambré, quando ele estava sentado à entrada da tenda, no maior calor do dia. Levantando os olhos, Abraão viu, perto dele, três homens de pé. Assim que os viu, saiu correndo ao seu encontro, prostrou-se por terra e disse: "Meu Senhor, se mereci teu favor, peço-te, não prossigas viagem sem parar junto a mim, teu servo. Mandarei trazer um pouco de água para lavar vossos pés e descansareis debaixo da árvore. Farei servir um pouco de pão para refazerdes as forças, antes

de continuar a viagem. Pois foi para isso mesmo que passastes junto a vosso servo". Eles responderam: "Faze como disseste" (Gn 18,1-5).

Eram as horas mais quentes do dia no deserto. Quem por lá passou alguma vez sabe que o mais prudente, nessas alturas, é refugiar-se numa sombra e evitar qualquer movimento. Ora, Abraão "corre da entrada da tenda" ao encontro dos visitantes. São Lucas diz-nos que também Maria "partiu apressadamente para a região montanhosa, dirigindo-se a uma cidade de Judá" (Lc 1,39). Ninguém pediu: é Abraão que toma a iniciativa de acolher. Muitas vezes nós até estamos dispostos a acolher, mas ficamos à espera de um pedido, de uma solicitação. Abraão adianta--se e isso é a verdadeira hospitalidade. E fá-lo de uma forma gratuita, deixando livre o outro: "Farei servir um pouco de pão para refazerdes as forças, antes de continuar a viagem". A sua única preocupação é para nós um desafio e uma responsabilidade: "Pois foi para isso mesmo que passastes junto a vosso servo". Há tantas pessoas que passam pela nossa vida... É importante que, na hospitalidade, no serviço e no dom, sintam que não foi em vão que passaram por nós.

A Fé de Abraão é também feita de prova. Lê-se em 1Mc 2,52: "Acaso Abraão não foi fiel na prova [...]?". A provação é o lugar onde se fortalece aquela confiança chamada a ser radical, aquela que não repousa nas garantias ou nos sinais, mas só em Deus tem o seu fundamento. Deus tinha concedido a Abraão um filho da promessa, Isaac. A Fé, contudo, não está amarrada ao que os nossos olhos veem: em cada momento, Deus é Deus e devemos ter nele o nosso coração. Não é sempre a Fé essa misteriosa passagem interior em que o eu dá lugar ao Tu, ao por ti, ao para ti? Tomemos o texto do Livro do Gênesis:

> [...] Deus pôs Abraão à prova. Chamando-o, disse: "Abraão!". E ele respondeu: "Aqui estou". E Deus disse: "Toma teu filho único, Isaac, a quem tanto amas, dirige-te à terra de Moriá e oferece-o ali em holocausto sobre o monte que eu te indicar". Abraão levantou-se bem cedo, encilhou o jumento, tomou consigo dois criados e o seu filho Isaac. Depois de ter rachado lenha para o holocausto, pôs-se a caminho para o lugar que Deus lhe havia ordenado. No terceiro dia, Abraão levantou os olhos e viu de longe o lugar. Disse então aos criados: "Esperai aqui com o jumento, enquanto eu e o menino vamos até lá. Depois de adorarmos a Deus, voltaremos a vós". Abraão tomou a lenha para o holocausto e a pôs às costas do seu filho Isaac, enquanto ele levava o fogo e a faca. Os dois continuaram caminhando juntos. Isaac falou para seu pai Abraão e disse: "Pai!" – "O que queres, meu filho?", respondeu ele. O menino disse: "Temos o fogo e a lenha, mas onde está o cordeiro para o holocausto?". Abraão respondeu: "Deus providenciará o cordeiro para o holocausto, meu filho". Os dois continuaram caminhando juntos. Quando chegaram ao lugar indicado por Deus, Abraão ergueu ali o altar, colocou a lenha em cima, amarrou o filho e o pôs sobre a lenha do altar. Depois estendeu a mão e tomou a faca a fim de matar o filho para o sacrifício. Mas o anjo do Senhor gritou-lhe do céu: "Abraão! Abraão!". Ele respondeu: "Aqui estou!". E o anjo disse: "Não estendas a mão contra o menino e não lhe faças mal algum. Agora sei que temes a Deus, pois não me recusaste teu único filho". Abraão ergueu os olhos e viu um carneiro preso pelos chifres num espinheiro.

Pegou o carneiro e ofereceu-o em holocausto no lugar de seu filho. Abraão passou a chamar aquele lugar "O Senhor providenciará". Hoje se diz: "No monte em que o Senhor aparece" (Gn 22,1-14).

O filósofo Sören Kierkegaard interpretou este texto bíblico como o anúncio do absoluto de Deus. Escreve na sua obra *Tremor e temor*: "A verdade não é algo externo, que descobrimos com proposições frias e impessoais, mas algo que experimentamos no nosso interior, de maneira pessoal". A Fé em Deus sobrepõe-se a todas as convenções culturais e a todas as lógicas puramente humanas. A Fé é essa confiança pessoal colocada em Deus e que ultrapassa tudo. Abraão ensina-nos que a Fé é um modo de existir. Colocado diante do incompreensível desígnio de Deus, ele deixa tudo em suspenso, exceto a relação com Deus. No fundo da nossa pobreza, também nós somos chamados a dizer: "O Senhor providenciará".

5

Deus faz-me sorrir

A confiança é um caminho. E, na maior parte das vezes, um caminho que não é isento de interrogações, incertezas e angústias. É verdade que brotam do nosso coração, muito naturalmente, os versos do Sl 23: "[...] não temerei mal nenhum, pois comigo estás. O teu bastão e teu cajado me dão segurança" (v. 4). Mas a travessia de algumas estações da nossa vida fazem um explícito apelo ao mistério da cruz do Senhor. Podem ser tantos os motivos: um luto, uma doença, uma incompreensão, um conflito mal resolvido. Hoje, com a ajuda de uma personagem bíblica, proponho que tomássemos uma ferida em particular, aceitando para ela uma ampla leitura interior e simbólica. Pensemos a esterilidade.

Na mentalidade dos tempos bíblicos, era também uma vergonha social, pois de uma maternidade fecunda é que nasceria o Messias. Mas não deixava de ser um aspecto que diminuía a mulher ou a família. Sem uma posteridade, o futuro aparecia sombrio e ameaçado. Esse era o drama de Abraão e, sobretudo, de Sara. Com uma idade avançada, o que Abraão previa é que um remoto parente, Eliezer de Damasco, viesse a ser o herdeiro da sua casa.

Imaginemos como isso custaria a Sara. A angústia é um grande sofrimento e é diferente do medo. O medo tem sempre um objeto (real ou imaginário): quando o ultrapassamos, o medo dissipa-se. A angústia, porém, é um sentimento mais pessoal: eu não sei bem quem sou eu, não descubro o meu papel, não me sinto amado, não valho para nada... Por isso, no meu coração e no meu espírito, experimento uma agitação constante... Sentir-se assim, perdido, pode gerar várias formas de mal-estar existencial e de depressão.

O texto bíblico é muito sóbrio em relação aos aspectos psicológicos, mas podemos imaginar que Sara sentisse a decepção com a sua própria história. Cada um de nós é uma mistura de forças e de fragilidades, e devíamos contar mais com a nossa pequenez, com a nossa fraqueza e vulnerabilidade. Mas olhamos ao nosso redor e não é assim. A sociedade tem de nós a expectativa da força, do êxito, do poder. E entramos em conflito com a imagem ferida de nós mesmos, com a qual não sabemos lidar. Fechamo-nos sobre nós mesmos, desacreditamos do nosso caminho e possibilidades, vacilamos na alegria e na confiança. No fundo de nós, dizemos: "O que será de mim?", e na confusão de sentimentos não ouvimos ou não conseguimos ouvir a resposta clara que vem de Deus.

Jean Vanier, fundador da Comunidade *Arche* [Arca], que acolhe, de modo evangélico, pessoas com muitas limitações físicas, tornou-se uma voz profética importante no nosso tempo, que mostra bem a importância da Fé para curarmos as feridas do nosso corpo e da nossa alma. Ele escreve:

> O Evangelho pode resumir-se assim: não julgueis ninguém nem a vós mesmos, não condeneis ninguém nem a vós mesmos, tentai compreender os outros e a vós mesmos. Isso é a compaixão. A compaixão não é apiedar-se, oferecer alguma doçura ou algum dinheiro. Muitas vezes, tal é necessário, mas por si só não basta. A compaixão é olhar o outro (e a nós mesmos) e ajudá-lo a revelar-se. A compaixão é revelar-lhe que ele tem valor e que Deus habita nele. É ajudá-lo a ir até o fim daquilo que ele pode viver.

Sara, no seu sofrimento, faz uma primeira tentativa para superar o problema da sua esterilidade, mas as coisas não correm bem.

> Sarai, mulher de Abrão, não lhe havia dado filhos. Mas ela tinha uma escrava egípcia chamada Agar. Sarai disse a Abrão: "Já que o Senhor me fez estéril, une-te à minha escrava, para ver se, por meio dela, eu possa ter filhos". Abraão atendeu ao pedido de Sarai. (Isso foi quando Abrão habitava na terra de Canaã fazia dez anos.) Sarai, esposa de Abrão, tomou a escrava egípcia, Agar, e deu-a como mulher a Abrão, seu marido. Ele uniu-se a Agar e ela concebeu. Percebendo-se grávida, começou a olhar com desprezo para a sua Senhora. Sarai disse a Abrão: "Tu és

responsável pela injúria que estou sofrendo. Fui eu mesma que pus minha escrava em teus braços, mas ela, assim que ficou grávida, começou a desprezar-me. O Senhor seja juiz entre mim e ti". Abrão disse para Sarai: "Olha, a escrava é tua. Faze dela o que bem entenderes". Então Sarai a maltratou tanto que ela fugiu (Gn 16,1-6).

Sara estava insegura em relação a ela mesma. Ela tenta encontrar uma solução além de si, mas o problema está dentro dela. Os maus-tratos e os ciúmes são um grito, uma agitação fundamentalmente interior. Sara sente-se incapaz perante Agar. A competição entre a escrava e a senhora talvez seja imaginária, mas Sara vive-a na sua realidade. O certo é que, no seu íntimo, no seu ser, a ferida permanece intacta, talvez ainda agravada por essa iniciativa mal-sucedida.

Esse conhecimento do descrédito de Sara por si mesma é importante para perceber a cena da hospitalidade, contada em Gn 18, onde Sara se atrapalha, hesitante, dando o dito por não dito. A cura para ela é trilhar um caminho de confiança na promessa de Deus.

[...] o Senhor apareceu a Abraão junto ao carvalho de Mambré, quando ele estava sentado à entrada da tenda, no maior calor do dia. Levantando os olhos, Abraão viu, perto dele, três homens de pé. Assim que os viu, saiu correndo ao seu encontro, prostrou-se por terra e disse: "Meu Senhor, se mereci teu favor, peço-te, não prossigas viagem sem parar junto a mim, teu servo. Mandarei trazer um pouco de água para lavar vossos pés e descansareis debaixo da árvore. Farei servir um pouco de pão para refazerdes as forças, antes de continuar a viagem. Pois foi para isso mesmo que passastes junto a vosso servo". Eles responderam: "Faze como disseste"

Abraão entro logo na tenda onde estava Sara e lhe disse: "Toma depressa três medidas da mais fina farinha, amassa uns pães e assa-os". Depois Abraão correu até o rebanho, pegou um bezerro bem bonito e o entregou a um criado para que o preparasse sem demora. A seguir foi buscar coalhada, leite e o bezerro assado e serviu tudo para eles. Enquanto comiam, Abraão ficou de pé, junto deles, debaixo da árvore. Eles lhe perguntaram: "Onde está Sara, tua mulher?" – "Está na tenda", respondeu ele. Um deles disse: "No ano que vem, por este tempo, voltarei a ti, e Sara, tua mulher, já terá um filho" Sara ouviu isso na entrada da tenda, atrás dele. Ora, Abraão e Sara já eram velhos, muito avançados em idade, e ela já não tinha as regras das mulheres. Por isso, Sara se pôs a rir em seu íntimo, dizendo: "Acabada como estou, terei ainda tal prazer, sendo meu marido já velho?". E o Senhor disse a Abraão: "Porque Sara riu? Pois ela disse: 'Acaso ainda terei um filho, sendo já velha?' Existe alguma coisa impossível para o Senhor? No ano que vem, por este tempo voltarei e Sara já terá um filho". Sara negou que tivesse rido: "Não ri", disse ela, pois estava com medo. Mas ele insistiu: "Sim, tu riste" (Gn 18,1-15).

No capítulo 21 dá-se o parto de Sara e o nascimento do menino, a quem ela põe o nome de Isaac, que significa literalmente "Deus sorriu":

O Senhor deu atenção a Sara, como havia prometido, e cumpriu o que dissera. Sara concebeu e deu a Abraão um filho na velhice, no tempo que Deus lhe havia pre-

Deus faz-me sorrir 41

dito. Abraão deu o nome de Isaac ao filho que nascera de Sara. Abraão circuncidou o filho Isaac no oitavo dia, como Deus lhe havia ordenado. Abraão tinha cem anos quando lhe nasceu o filho Isaac. E Sara disse: "Deus me fez sorrir, e todos os que souberem vão sorrir comigo". E acrescentou: "Quem teria dito a Abraão que Sara haveria de amamentar filhos? Pois eu lhe dei um filho na velhice" (Gn 21,1-7).

Deus sorri e faz-nos sorrir. Abramos com confiança o nosso coração, com todas as suas dificuldades e feridas. Deixemo-nos amar e cuidar por Deus. No início do Evangelho, podemos ouvir a declaração que o Pai faz sobre Jesus: "Tu és o meu Filho amado; em ti está o meu agrado" (Mc 1,11). Esse é o sentido profundo do batismo de Jesus e do nosso, que fomos batizados em seu Nome. A nossa vida espiritual começa aí, na certeza da declaração de Deus: "Tu és o meu Filho amado, tu és a minha filha amada; em ti está o meu agrado".

Quando percorremos a História da Salvação, vemos que há uma *alegria* prometida que se cumpre no tempo e nas vidas. Como nos canta o Sl 126:

Quando o SENHOR trouxe de volta os exilados de Sião,
pensamos que era um sonho.
Então nossa boca transbordava de sorrisos
e nossa língua cantava de alegria.
Então se comentava entre os povos:
"O SENHOR fez por eles maravilhas".
Maravilhas o SENHOR fez por nós,
encheu-nos de alegria.
Traze de volta, SENHOR, nossos exilados,

como torrentes que correm no Negueb.
Quem semeia entre lágrimas
colherá com alegria.
Quando vai, vai chorando,
levando a semente para plantar;
mas quando volta, volta alegre,
trazendo seus feixes.

6

A nossa vida é uma paisagem onde Deus se vê

Na abertura da sua primeira encíclica, *Deus Caritas Est*, o Papa Bento XVI escreve: "O amor de Deus por nós é questão fundamental para a vida e coloca questões decisivas sobre quem é Deus e quem somos nós" (n. 2). De fato, a nossa vida é uma paisagem onde Deus se vê. Como cada vida é única, há algo de único que cada um de nós pode testemunhar sobre Deus. Os santos fazem-no maravilhosamente. Quem quer que olhe de fora para a nossa vida talvez não se aperceba, mas nós, que a vivemos com Deus, detectamos nela a sua marca, a sua passagem, as suas ternuras. O amor de Deus é um amor providente, é um amor que, de forma indizível, nos embala. Explicava São João da Cruz: "Deus é como um sol suspenso sobre as almas, pronto a comunicar-se".

É curioso que no Antigo Testamento só encontramos duas anotações diretas do termo Providência, ambas no Livro da Sabedoria. O Livro da Sabedoria é, provavelmente, o mais recente dos textos veterotestamentários (composto na segunda metade do século I a.c.), e foi já escrito em grego, por um judeu de cultura helênica, onde o conceito de Providência era muito corrente. A primeira anotação está em Sb 14,3 ("Mas é a tua Providência, ó Pai, que segura o leme, porque até no mar abriste caminho [...]") e, a seguinte, em Sb 17,2, numa alusão aos iníquos, que são "fugitivos da perpétua providência".

Não é estranho que o conceito de Providência esteja praticamente ausente dos textos bíblicos? Não, se tomarmos em consideração a originalidade do pensamento bíblico, tão silencioso quanto a formulações abstratas e tão atento ao concreto, ao seu pormenorizado realismo. É na vida do Povo de Deus que se detecta a intervenção amorosa de Deus. Essa certeza leva a Bíblia a organizar-se de forma mais narrativa e testemunhal que filosófica: toma aquilo que narra da experiência e transforma-o em experiência para aqueles que escutam a sua história. Não há dúvida que a experiência de um Deus providencial está no âmago da Fé bíblica. Deus não abandonou o mundo após o ato criador, mas continua a agir nele, de múltiplas maneiras, manifestando a sua solicitude, sempre próximo no nosso devir histórico. Bastaria, por exemplo, evocar o Sl 104, que fornece, num extraordinário registro espiritual, uma meditação sobre o processo criador, enquanto obra divina no presente: em cada momento da sua existência,

46 O tesouro escondido

o mundo tem necessidade da sustentação que lhe vem de Deus, espera tudo de Deus.

Minha alma, bendize o SENHOR!
SENHOR, meu Deus, como és grande!
Revestido de majestade e de esplendor, [...]
(Sl 104,1)

Esta mesma linha de entendimento atravessa outros salmos (veja-se, por exemplo, o 145,15s: "Os olhos de todos em ti esperam e tu lhes forneces o alimento na hora certa. Abres a mão e sacias o desejo de todo ser vivo"; ou o 147,7s: "Entoai a ação de graças ao SENHOR, cantai na cítara hinos a nosso Deus. Ele cobre o céu de nuvens, prepara a chuva para a terra, faz brotar sobre os montes a erva e plantas úteis ao homem"), mas também os textos proféticos (Is 6,3; Os 2,10) e sapienciais (Jó 9), constituindo uma espécie de visão global da Fé bíblica. A Providência é experimentada como a expressão de um Deus Pessoal e a história torna-se o lugar decisivo da sua manifestação.

A fé de Israel descreve o onipotente Senhor do mundo, na sua Providência, com entranhas maternas, seduzido pelas manifestações do amor filial, profundamente enternecido: "Não será Efraim o meu filho querido? Não será ele um filho tão estimado que, quanto mais dele falo, mais vontade tenho de lembrá-lo? Por ele meu coração [entranhas] palpita, tenho de me compadecer dele!" (Jr 31,20). Entranhas ou vísceras, em hebraico *rehamîm*, designam "a parte mais íntima" do ser, a fonte daquele amor inquebrantável. A Providência radica-se aí: ela é a expressão do amor que não pode não amar, a cada momento, em cada gesto. O discurso teológico sobre a Providência é, na tradição bíblica, uma espécie de lente fotográfica que torna o rosto amoroso de Deus subitamente próximo.

Esse movimento de aproximação pode ser muito bem compreendido e rezado com o Sl 65:

> 2 A ti se deve o louvor, ó Deus, em Sião,
> a ti se cumpra o voto em Jerusalém.
> 3 A ti, que escutas a oração,
> vem todo mortal por causa do seu pecado.
> 4 As nossas culpas pesam sobre nós,
> mas tu as perdoas.
> 5 Feliz quem escolhes e chamas para perto,
> para morar nos teus átrios.
> Queremos saciar-nos com os bens da tua casa,
> com a santidade do teu templo.
> 6 Com o prodígio da tua justiça,
> tu nos respondes, o Deus, nossa salvação,
> Esperança dos confins da terra e dos mares distantes.
> 7 Tu firmas os montes com tua força,
> cingido de poder.
> 8 Fazes calar o fragor do mar e o estrondo de suas ondas;
> acabas com o tumulto dos povos.
> 9 Os habitantes dos extremos confins
> tremem diante dos teus prodígios;
> fazes gritar de alegria as portas do oriente e do ocidente.
> 10 Visitas a terra e a regas,
> enchendo-a com tuas riquezas.
> O rio de Deus está cheio de água;
> fazes crescer o trigo para os homens.
> Assim preparas a terra:
> 11 irrigas seus sulcos, aplanas os torrões,
> molhas a terra com as chuvas e abençoas seus germes.

12 Coroas o ano com teus benefícios,
à tua passagem goteja a fartura.
13 Gotejam os pastos do deserto
e as colunas se cingem de júbilo.
14 Os prados se cobrem de rebanhos,
com o trigo se douram os vales,
tudo canta e grita de alegria.

1. A composição começa por situar-nos no Templo, espaço onde Deus revela a sua ação Salvadora (vv. 2-5), em favor da comunidade crente.

2. Depois de louvar-se a atividade divina no Templo, passa-se ao louvor pela atividade de Deus no mundo; do microcosmo sagrado avança-se para o cosmo transfigurado pela presença do Todo-Poderoso. Deus é descrito em termos grandiosos, como um arquiteto cósmico, segundo o modelo clássico, querido sobretudo à literatura sapiencial (vv. 7-9).

3. E há uma terceira mudança de registro. De maneira graciosa, Deus é em seguida representado como um camponês da paisagem rural palestinense, um *pater familias* que trabalha a terra, recolhe o trigo e se afana para alimentar os seus (vv. 10-14). De uma imagem para outra (a primeira epopeica, esta segunda quase bucólica e íntima, reproduzindo em preciosa miniatura o quotidiano campestre), só uma leitura muito ligeira detectaria qualquer tipo de abrandamento ou diminuição no vigor metafórico. É precisamente o contrário aquilo que acontece. Num certo sentido, todo o salmo evolui para este final grácil e simples, em que se percebe que o salmista deixou-se contagiar pela ternura de Deus.

Podemos dizer que a teologia bíblica da Providência é um discurso de repetido espanto e maravilha pelos modos de presença de Deus na história. Deus é um camponês (Sl 65) ou uma mãe que explica, deste modo, ao filho o seu amor: "Vê que escrevi teu nome na palma de minha mão, [...]» (Is 49,16).Ou um esposo que, por amor, suprime o passado adúltero da esposa (cf. Os 1-3). "O SENHOR é um guerreiro, [...]" (Ex 15,3) e é a paz (cf. Nm 6,26). Os seus desvelos são sem tamanho como as asas abertas de uma águia (Ex 19,4): ele acarinha o fruto do ventre e o fruto da terra, abençoa o trigo e o vinho novo, multiplica os campos e os animais (cf. Dt 7,13). Ele é o Senhor da festa (cf. Dt 16,16) e o espectador da dança (cf. 2Sm 6,16), mas também "inclina o ouvido" à aflição e liberta os olhos do jugo das lágrimas (cf. Sl 116). "Rochedo [Fortaleza]" (Sl 62,7); "sol e escudo" (Sl 84,12); "rochedo" (Sl 89,27); "guarda" e "sombra" (Sl 121,5). Tal adjetivação é um existencial e comprometido murmurar dessa espécie de litania que não nos larga e pode alargar infinitamente: a Providência de Deus.

No anúncio de Jesus, a Providência coincide com o exercício da Paternidade de Deus. "[...] Vosso Pai que está nos céus sabe que precisais de tudo isso" (Mt 6,32): é esta certeza na acão providencial de Deus que permite que Jesus diga: "Não vivais preocupados", antes "buscai em primeiro lugar o Reino de Deus e a sua justiça" (Mt 6,31.33). A assistência de Deus é, no caminho que Jesus propõe, uma certeza a toda a prova, pois, semelhante ao Pastor da ovelha desgarrada, "o Pai que está nos céus não deseja que se perca nenhum desses pequenos" (Mt 18,14). Por isso, nas perseguições, "quando vos entregarem, não vos preocupeis em como ou o que falar, pois não sereis vós que falareis, mas o Espírito do vosso Pai falará em vós" (Mt 10,19) ou, na situação-limite do martírio, "não tenhais medo daqueles que matam o corpo, mas são incapazes de matar a alma! [...] Quanto a vós, até cabelos da cabeça estão todos contados" (Mt 10,28.30).

Na passagem de Mt 7,9-11, o discurso sobre a Providência alcança particular intensidade: "[...] Ora, se vós, que sois maus, sabeis dar coisas boas aos vossos filhos, quanto mais vosso Pai que está nos céus dará coisas boas aos que lhe pedirem". Jesus exorta absolutamente à confiança em Deus, como se confia na terna bondade de um pai que faz brilhar sobre todos o sol da sua ternura e do seu cuidado (cf. Mt 5,45).

A ternura providencial de Deus manifesta-se, de modo irresistível, na vida e no destino de Jesus. Como escreve São Paulo, "[...] nem a morte, nem a vida, nem os anjos, nem os principados, nem o presente, nem o futuro, nem as potências, nem a altura, nem a profundeza, nem outra criatura qualquer será capaz de nos separar do amor de Deus, que está no Cristo Jesus, nosso Senhor" (Rm 8,38-39). Aqui tocamos, talvez, o aspecto mais característico da fé neotestamentária na Providência: aquele que considera a Providência não apenas como o rasto de Deus no tempo, mas como a finalidade da própria história. O sentido da história está no Amor de Deus. "Nem poderia ser de outro modo" – escreve Bento XVI –, "porque a sua promessa visa o definitivo: o amor visa a eternidade" (*Deus Caritas Est*, n. 6).

É claro que a Providência não se deve confundir com providencialismo. Contra essa tentação colocou-nos Jesus de sobreaviso:

> Então, o diabo o levou à Cidade Santa, colocou-o no ponto mais alto do templo e disse-lhe: "Se és Filho de Deus, joga-te daqui abaixo! Pois está escrito: 'Ele dará ordens a seus

anjos a teu respeito, e eles te carregarão nas mãos, para que não tropeces em alguma pedra'". Jesus lhe respondeu: "Também está escrito: 'Não porás à prova o Senhor teu Deus!'" (Mt 4,5-7).

A Providência não anula a condição da liberdade humana. Surge antes como expressão da fidelidade de Deus à Aliança. Deus é fiel. Na nossa história e na história do mundo, a Providência manifesta-se como Aliança de amor, no qual podemos realmente confiar: "Portanto, eu vos digo: pedi e vos será dado; procurai e encontrareis; batei e a porta vos será aberta. Pois todo aquele que pede recebe; quem procura encontra; e a quem bate, a porta será aberta" (Lc 11,9-10).

Sabemos bem em quem colocamos a nossa confiança. E, como no final de um poema de Sophia de Mello Breyner Andresen, podemos orar:

> Apenas sei que caminho
> Como quem é olhado, amado e conhecido
> E por isso em cada gesto ponho
> Solenidade e risco.

Mostra-nos o Pai

Talvez, para percebermos melhor o que é isto da possibilidade de orar, valha a pena tomar um testemunho contemporâneo, que refere precisamente o contrário, uma dificuldade radical em relação à experiência orante. Recorro às páginas iniciais de um texto autobiográfico do escritor italiano Erri de Luca, intitulado *Caroço de Azeitona*. Diz esse autor:

> Como leitor assíduo das Sagradas Escrituras, percorro o hebraico antigo das primeiras histórias, dos profetas, e dos salmos recolhidos no Antigo Testamento. Este uso quotidiano não fez de mim um crente. A experiência de ser um marginal provém, para mim, de dois obstáculos. O primeiro é a

oração, este poder e possibilidade de o crente exprimir-se. De tratar a Deus por "Tu". Quem exclamou pela primeira vez a primeira oração não a pode ter inventado. Só pode ter reagido a um chamamento com uma resposta. [De minha parte] não o sei fazer, não sei dirigir-me a ele. [...] Falo de Deus na terceira pessoa, leio sobre ele, ouço falar dele e sinto outros viverem dele. [Porém] com tudo isso permaneço alguém que fala de Deus na terceira pessoa. O meu pé tropeça todos os dias nesta pedra da oração, não a pode ultrapassar, porque a oração é o umbral. O outro obstáculo é o perdão. Não sei perdoar e não posso admitir ser perdoado. [...] Na minha vida existe o limite do imperdoável, do jamais reparável. Não posso admitir ser perdoado, não sei perdoar aquilo que cometi. Eis as minhas pedras de tropeço, pelas quais permaneço fora da comunidade dos crentes.

Se pensarmos na oração, em todas as vidas existem limites e pedras de tropeço. O homem só é capaz de desejar Deus, só é capaz de Deus, porque Deus se inclina benevolamente para ele. É nessa confiança que os crentes se colocam diante de Deus, e não assegurados pelos seus méritos ou possibilidades. O impressionante conjunto de metáforas que encontramos na Sagrada Escritura é uma tradução dessa confiança fundamental que permite que a oração seja um "face a face do homem e de Deus". Abeiramo-nos de Deus porque Deus se abeira de nós. E Deus é pai e mãe, pastor e rei, Deus é forte e misterioso como o sopro ligeiro da brisa, Deus habita o recôndito do templo ou vem abraçar-se a nós na fronteira noturna, como o soube o patriarca Jacó, numa luta com o anjo que, como mostra a bela pintura de Delacroix – na Igreja de Saint-Sulpice em Paris –, mais se parece com uma dança... O próprio Espírito de Deus une-se ao nosso espírito para vencer a nossa debilidade e aproximar-nos dele: "Da mesma forma, o Espírito vem em socorro de nossa fraqueza. Pois não sabemos o que pedir nem como pedir; é o próprio Espírito que intercede em nosso favor, com gemidos inefáveis" (Rm 8,26).

Mas a proximidade de Deus que experimentamos não elide, nem pode elidir, o sentimento da distância que o crente sente em relação a Deus, porque Deus é infinitamente Outro. Por isso, a oração é também um grito ("[...] assim a minha alma anseia por ti, ó Deus. A minha alma tem sede de Deus, do Deus vivo: [...]" – Sl 42,2-3), uma súplica, um pedido, uma sugestão da maior intimidade apenas análoga à arte do amor, como nos lembra precisamente o Cântico dos Cânticos (1,4): "Leva-me atrás de ti. Corramos! Que o rei me introduza nos seus aposentos: [...]".

Na base de toda a oração está o binômio proximidade/distância, experimentado na relação do homem com Deus. Distância mantida, porque Deus é Deus. Mas proximidade consentida, porque Deus é amor. Explica o Papa Bento XVI:

> [...] por um lado, nos encontrarmos diante de uma imagem estritamente metafísica de Deus: Deus é absolutamente a fonte originária de todo o ser; mas este princípio criador de todas as coisas – o *Logos*, a razão primordial – é, ao mesmo tempo, um amante com toda a paixão de um verdadeiro amor. [...] (*Deus Caritas Est*, n. 10).

Para nós, cristãos, Jesus vence a distância que separa a terra do céu. "Quem me vê, vê aquele que me enviou" (Jo 12,45). Como dizia Kierkegaard, o cristão é aquele que se sente continuamente em presença de Deus pela mediação do Cristo. O filósofo criticava o Cristianismo da sua época, segundo ele demasiado perdido em conceitos filosóficos e esquecido disto, que é o mais espantoso: existir é existir em Cristo, diante de Deus. Também nós, facilmente, nos perdemos em abstrações. Cristo dá-nos "ousadia" para entregarmo-nos numa oração confiante ao Pai. O *Missal Romano* usa a expressão *audemus dicere* ("ousamos dizer"), e é disso que se trata.

O Novo Testamento fornece duas versões da oração que Jesus ensina aos discípulos: em São Mateus (6,9-15) e São Lucas (11,1-4). Entre elas há pequenas diferenças, pois Lucas é mais conciso, mas no fundamental são idênticas. Tomemos o texto do primeiro Evangelho:

> Pai nosso que estás nos céus,
> santificado seja o teu nome,
> venha o teu Reino;
> seja feita a tua vontade, como no céu,
> assim também na terra.
> O pão nosso de cada dia dá-nos hoje.
> Perdoa as nossas dívidas, assim como
> nós perdoamos aos que nos devem.
> E não nos introduzas em tentação,
> mas livra-nos do Maligno.

Tudo na oração do *Pai-Nosso*, quer quanto às circunstâncias da sua transmissão, quer no que toca à síntese essencial da composição, mostra que Jesus pretende apresentar um modelo. Na tradição judaica, onde ele historicamente se move, há correntes orantes diversas e um abundante repertório de fórmulas. Mas Jesus inova: não apenas explica como orar, mas transmite um ensinamento seu acerca da oração, começando com um eloquente mandato: "Vós, portanto, orai assim" (Mt 6,9). Constrói, deste modo claro, um caminho de oração.

Ora, aproximando-nos da prece de Jesus, percebemos que tudo se concentra em torno ao sintagma vocativo que abre a oração: "Pai nosso" (versão de Mateus) ou "Pai", como vem dito simplesmente na versão de Lucas. É verdade que são referidos, depois, o Nome, a Vontade e o Reino do Pai, mas é sempre em torno da descoberta do Pai que somos colocados. Mais do que rogar por esta ou por aquela necessidade ou interceder pela satisfação de qualquer carência, o que se pede ao Pai é que seja pai. O destinatário da oração, aquele a quem nos dirigimos, emerge como objeto da própria súplica.

Outro aspecto significativo é que, se dispusermos retoricamente esta prece, se atendermos ao jogo do seu alinhamento frásico, detectamos o seguinte: a primeira palavra é "Pai" e a última é "Maligno". O desenho do texto aparece, por isso, investido de um grande significado, quando nos revela que o mal [Maligno] surge no extremo inverso ao pai, que o mal [Maligno] é o antipai. Isso é decisivo compreendermos. O risco do confronto com o mal [Maligno] é uma possibilidade verificável em todas as existências, o mal [Maligno] atravessa-nos, trespassa-nos por vezes, mas a oração que Jesus transmite pede iluminação para não nos enganarmos no Pai, isto é, para não nos deixarmos ficar amarrados ao mal [Maligno], na sua dependência, como se ele pudesse ser um substituto do verdadeiro Pai. Rezamos para saber escolher o Pai a cada momento e não as contrafacções que tentam ocultar ou sobrepor-se, em nós, à sua presença estruturante.

Uma oração que descreve tão intimamente a paternidade coloca-se no âmago da identidade do próprio sujeito.

Não é apenas um dispositivo verbal, mas uma expressão de si, uma coreografia relacional, uma consciência do ser que se constrói. Ouçamos Emanuel Levinas:

> O filho não é apenas a minha obra. Também não é minha propriedade. Nem a categoria do poder, nem as do saber descrevem a minha relação com o meu filho. A fecundidade do eu não é nem causa nem dominação. Não tenho o meu filho, sou o meu filho. A paternidade é uma relação com um outro que, sendo embora outrem, é extensão de mim. O filho não é eu; e no entanto, eu sou o meu filho.

Pensando no *Pai-Nosso*, podemos dizer que o objetivo da oração é colocar-nos no Pai, inscrever-nos no seu coração: eu sou no Pai, existo no Pai. A principal das orações cristãs não é um argumentário de pedidos, mas a expressão de uma relação confiante. Essa é a originalidade de Jesus. O apelo direto ao Pai é invulgar na tradição judaica. E torna--se ainda mais significativo quando, no espaço de uma prece tão sóbria como é o *Pai-Nosso*, Jesus escolhe voluntariamente reconduzir o coração orante à sua essência: o próprio Pai. Tal concentração, como escreve François Genuyt, culmina "numa procura que não é apenas dirigida ao Pai, mas é procura do Pai". Com o discípulo Filipe, nós podemos dizer: "Senhor, mostra-nos o Pai, isso nos basta" (Jo 14,8). Ou com a poetisa brasileira Adélia Prado: "Meu Deus, me dá a mão, me cura de ser grande. Ó meu Deus, meu pai, meu pai".

A descoberta que Simone Weil faz do *Pai-Nosso* ocupa uma das páginas mais intensas da sua autobiografia espiritual. Tudo começa por um desejo, manifestado ao seu conselheiro espiritual, o Padre Perrin. Ao longo do ano de 1941, ela declara a necessidade de voltar a uma atividade dos verões da sua adolescência: contatar diretamente com a terra, colaborando no trabalho de produção dos alimentos. Não é um projeto fácil de explicar, este de tornar-se uma jovem do campo, quando os amigos mais próximos fazem coro para que ela se concentre nos seus domínios de saber: a filosofia, a poesia, a escrita e a palavra. Nesses meses, ela se multiplica em cartas e em razões para justificar que a purificação do esforço agrícola lhe traz uma seiva que ela não encontra em mais nenhum lado. É então, por sugestão do Padre Perrin, que ela contata Gustave Thibon, que tanta importância viria a ter na difusão do pensamento da jovem filósofa. Simone aporta à quinta agrícola daquele, em Saint--Marcel-d'Ardèche, nos começos de agosto de 1941, e ali passa dois meses. Ela rejeita ficar na casa grande da quinta e vai residir num precário barracão solitário e sem grandes condições, deixando contrariados os seus anfitriões. Mas Gustave Thibon conta que, num desses primeiros dias, quando não sabia bem o que pensar daquela jovem, viu Simone, pendurada no tronco de uma árvore, contemplando em silêncio o vale: "Eu vi" –testemunhará mais tarde – "o seu olhar emergir pouco a pouco da visão; a intensidade e a pureza daquele olhar eram tais que sentia que ela contemplava profundidades interiores, ao mesmo tempo que o esplêndido horizonte abria-se a seus pés. A beleza da sua alma correspondia à majestade da paisagem". Foi o selar de uma grande amizade. Nessa estação, Simone encontra-se com o *Pai-Nosso*, talvez por um inusitado caminho. Ela conta:

> O verão passado, estudando grego com T... [Thibon], passei-lhe, palavra a palavra, o *Pater* em grego. Tínhamo-nos prometido aprendê-lo de cor. Creio que ele não o fez. Eu tampouco, até essa altura. Mas, algumas semanas mais tar-

Mostra-nos o Pai 59

de, folheando o Evangelho, disse-me a mim mesma que, uma vez que tinha prometido e que assim estava bem, devia fazê-lo. Fi-lo. A doçura infinita deste texto grego tomou-me, então, de tal forma, que durante alguns dias não consegui impedir-me de o recitar continuamente. Uma semana depois, comecei a vindima. Recitava o *Pater* em grego todos os dias, antes do trabalho, e repeti-o não poucas vezes na vinha. Desde então, impus-me como única prática recitá-lo uma vez, cada manhã, com uma atenção absoluta. Se durante a recitação a minha atenção se desvia ou deixa adormecer, recomeço até que tenha obtido, por uma vez, uma atenção absolutamente pura.

A virtude desta prática é extraordinária e surpreende-me cada uma das vezes, porque, apesar de a experimentar todos os dias, ela ultrapassa sempre o que era a minha expectativa. Por vezes, logo as primeiras palavras arrancam o meu pensamento e transportam-no a um lugar fora do espaço, onde não há nem perspectiva nem ponto de vista. O espaço abre-se. A infinidade do espaço normal de percepção é substituída por uma infinidade elevada. Ao mesmo tempo, essa infinidade da infinidade preenche-se, de um extremo ao outro, de silêncio, um silêncio que não é uma ausência de som, que é objeto de uma sensação positiva, mais positiva que a de um som. Os ruídos, se os há, não me chegam senão depois de atravessarem esse silêncio. Durante essa recitação ou noutros momentos, Cristo está presente em pessoa, mas a sua presença é infinitamente mais real, mais lancinante, mais clara e mais plena de amor do que a daquela primeira vez em que me tomou (Simone Weil, *Espera de Deus*).

Para Simone, o *Pater* "está para a oração como Cristo para a humanidade" e "é impossível pronunciá-la, uma vez que seja e trazendo a cada palavra a plenitude da atenção, sem que uma mudança, talvez infinitesimal mas real, se opere na alma". A Simone Weil interessa sondar a eficácia da palavra orante na alma, isto é, a sua aguda capacidade de transformar-nos espiritual e existencialmente. Não lhe importa o comentário histórico ou crítico, mas o clarão, o fulgor, o abalo real, a conversão afetiva e efetiva que a prece de Jesus em nós desperta. Há um momento em que, mais do que as palavras, o que conta é o estar ali em relação. "Senhor, mostra-nos o Pai, isso nos basta" (Jo 14,8).

Reconciliar-se com a beleza

"O que é que pode voltar a dar entusiasmo e confiança, o que é que pode encorajar o ânimo humano a reencontrar o seu caminho, a erguer o olhar além do horizonte imediato, a sonhar uma vida digna da sua vocação, se não a Beleza?" Essa pergunta tão séria, tão existencialmente decisiva, foi colocada por Bento XVI na Capela Sistina em novembro de 2009, no seu histórico encontro com os artistas. Claramente, pela sua natureza, não é uma questão que só às gentes das artes diga respeito: é um desafio lançado a todos. A questão da beleza é, de fato, absolutamente central à experiência cristã, à experiência cristã comum, repito, e é urgente que sintamos a necessidade de nos reconciliarmos com a Beleza.

Talvez hoje nos espante saber que uma das discussões mantidas pelos Padres da Igreja era decidir se Cristo era ou não belo. Não é uma questão menor ou fútil como, talvez, à primeira vista possamos julgar. De fato, é a própria Liturgia que continua a alimentar esse debate. Ela, por exemplo, aplica a Jesus o Sl 45:

> Do meu coração nasce um lindo poema,
> vou cantar meus versos para o rei.
> Minha língua é como a pena de um escritor veloz.
> Tu és o mais belo dos homens,
> Nos teus lábios se espalha a graça,
> por isso Deus te abençoou para sempre.

É um salmo nupcial, onde por primeiro se descreve a beleza do rei, os seus atributos valorosos e a sua nobre missão, e, em seguida, passa-se à exaltação da noiva:

> Ouve, filha, inclina o ouvido,
> esquece teu povo e a casa de teu pai;
> que agrade ao rei a tua beleza.
> Ele é teu senhor: curva-te diante dele.

A tradição cristã interpretou este salmo como uma prefiguração da relação esponsal de Cristo com a Igreja. O então Cardeal Joseph Ratzinger comentou num artigo sobre "A beleza e a verdade de Cristo" que a Igreja

> reconhece Cristo como o mais belo dentre os homens, e a graça derramada sobre os seus lábios aponta para a beleza intrínseca das suas palavras, para a glória da sua pregação. Não é meramente a beleza externa da aparência do Re-

dentor que é glorificada; antes, transparece nele a própria beleza da Verdade, a beleza do próprio Deus que nos atrai a si e, ao mesmo tempo, nos captura pela ferida do Amor, a santa paixão que nos permite seguir adiante juntos – com e na Igreja, a sua Esposa – para encontrar o Amor que nos chama.

A Beleza, e a Beleza de Cristo em particular, captura o nosso coração, fere-nos intimamente, abre-nos à revelação, faz com que deixemos de pertencer a nós mesmos, obriga--nos a relativizar o que éramos, a esquecer muitas vezes a nossa pátria e a casa dos pais, atrai-nos para si. É isso que a Igreja reza no Sl 45.

Mas ao mesmo tempo que a Liturgia utiliza amplamente o salmo, também considera indispensável a luz que traz ao mistério de Cristo o drama do Servo Sofredor, descrito em Is 53,1-4:

"Quem vai acreditar na notícia que trazemos?
A quem relatar o poder do Senhor?
Crescia diante dele como um broto,
qual raiz que nasce da terra seca:
Não fazia vista, nem tinha beleza a atrair o olhar,
não tinha aparência que agradasse.
Era o mais desprezado e abandonado de todos,
homem do sofrimento, experimentado na dor,
indivíduo de quem a gente desvia o olhar,
repelente, dele nem tomamos conhecimento.
Eram na verdade os nossos sofrimentos que ele carregava,
eram as nossas dores, que levava às costas.
E a gente achava que ele era um castigado,
alguém por Deus ferido e massacrado.

Reconciliar-se com a beleza 65

Como podemos, então, conjugar espiritualmente os dois textos? Num, Cristo é "o mais belo dos homens", no outro, aparece completamente desfigurado, sem beleza alguma que atraia o nosso olhar. Pilatos, talvez para captar para Cristo uma réstia de compaixão, apresenta-o simplesmente como "o homem": "Eis o homem" (Jo 19,5). Comenta, de novo, o Cardeal Ratzinger:

> Está implícita aqui a questão mais radical de saber se a beleza é verdadeira, ou se, pelo contrário, é a fealdade o que nos leva à verdade mais profunda da realidade. Quem quer que creia em Deus, no Deus que se manifestou precisamente na aparência desfigurada de Cristo crucificado como amor até o fim (Jo 13,1), sabe que beleza é verdade e verdade é beleza; mas, em Cristo sofredor, também aprende que a beleza da verdade acolhe igualmente a ofensa, a dor e mesmo o sombrio mistério da morte, e que ela só pode ser encontrada quando se aceita o sofrimento, não quando se procura ignorá-lo.

De fato, não há beleza que não seja costurada pelo mistério da cruz, que não nos coloque como Maria e João aos pés da cruz.

Por que é que a reconciliação com a Beleza de Cristo é tão decisiva na maturidade de um percurso espiritual? Sem a Beleza, a experiência cristã permanece incompleta. Sabemos bem os riscos de um Cristianismo puramente sociológico, articulado simplesmente entre convicções e práticas. Como na história daqueles geólogos que, nas suas investigações, alcançaram, no cimo de uns montes altíssimos, um lago, onde repousavam pedras mergulhadas quem sabe há quantas centenas de anos. Porém, quando as partiram para estudar as características morfológicas, perceberam, com espanto, que por dentro estavam secas. Do mesmo modo, sem a Beleza atrativa de Cristo o Cristianismo é seco, funcional, burocrático, ritualista, um banho externo de convenções ao qual o nosso coração continua impermeável. O nosso coração, contudo, é chamado a ser ferido pela Beleza pascal de Cristo e do Amor infindo que ele revela. A nossa vocação é essa ferida de amor, esse alagar-se, esse ensopar-se até os ossos no amor de Deus, esse viver uma real pertença que acende na vida toda o desejo de Deus, esse experimentar um sobressalto de Deus que se prolonga nos anos ("Eu durmo, mas meu coração vigia" – Ct 5,2), essa paixão que não esmorece pelo absoluto de Deus e de Deus só, essa epifania de Amor que quotidianamente nos compromete, transfigura e transcende, essa inexplicável luz de Deus que nos derruba e nos levanta no nosso caminho de Damasco.

Platão explicava assim o impacto da beleza em nós e a sua explicação é de grande ajuda, pois ser ferido pela beleza é, antes de tudo, uma experiência antropológica: "Enquanto se vê a beleza, como num tremor febril, produz-se dentro de nós uma agitação, um suor, um calor insólito. Assim é quando os olhos recebem o fluxo da beleza. Este fluxo aquece e rega a essência...". Não é isso que ocorre no interior dos discípulos de Emaús à pergunta: "Não estava ardendo o nosso coração quando ele nos falava pelo caminho e nos explicava as Escrituras?" (Lc 24,32). O cristão define-se como alguém que vive "ferido" pela beleza singular de Jesus. E essa "ferida" gera em nós desejo, vontade, atração, disponibilidade para o seguimento.

A misteriosa luta de Jacó com Deus (Gn 32,25-32) transcreve, paradigmaticamente, como a irrupção do divino é de uma Beleza mais forte que nos vence, Beleza irresistível, sem deixar nunca de ser indizível.

Quando depois ficou sozinho, um homem se pôs a lutar com ele até o raiar da aurora. Vendo que não podia vencê-lo, atingiu a coxa de Jacó, de modo que o tendão se deslocou enquanto lutava com ele. O homem disse a Jacó: "Larga-me, pois já surge a aurora". Mas Jacó respondeu: "Não te largarei, se não me abençoares". E o homem perguntou: "Qual é o teu nome?" – "Jacó", respondeu. E ele disse: "Doravante não te chamarás Jacó, mas Israel, porque lutaste com Deus e com homens, e venceste". E Jacó lhe pediu: "Dize-me, por favor, teu nome". Mas ele respondeu: "Para que perguntas por meu nome?". E ali mesmo o abençoou. Jacó deu àquele lugar o nome de Fanuel, pois disse: "Vi Deus face a face e minha vida foi poupada". O sol surgia quando ele atravessava Fanuel; e ia mancando por causa da coxa.

"O sol surgia." O encontro com a Beleza é tão decisivo que há um antes e um depois, é uma estação nova que começa para a nossa vida. E é interessante o detalhe de Jacó sair coxeando da luta com o Anjo. Ele está ferido, porque o Belo de Deus fere, nada tem de superficial. O Belo de Deus convoca o homem para o seu destino final, revela-lhe a real grandeza da verdade. O importante teólogo bizantino Nicolau Cabasilas (séc. XIV) deixou escrito na obra *A vida em Cristo*: "Foi o Esposo que nos feriu com essa ânsia. Foi ele que mandou um raio da sua beleza diretamente aos nossos olhos. Se a extensão da ferida mostra que a flecha chegou ao seu alvo, a ânsia mostra quem foi que infligiu a ferida".

De fato, os outros dois transcendentais, Verdade e Bondade, não têm possibilidade de atrair o homem, a não ser que este se sinta tocado "por algo que fascina", como escrevia Plotino. A Beleza é que atrai, faz deslocar o coração, toma e transfigura. Temos, por isso, de ultrapassar o silêncio a que uma certa estação racionalista, mesmo dentro da teologia e da espiritualidade cristã, a votava. Reconciliemo-nos com a Beleza, deixemo-nos transformar interiormente por ela. Diz-nos ainda o Cardeal Ratzinger:

> Ser atingido e dominado pela beleza de Cristo constitui um conhecimento mais real, mais profundo, do que a mera dedução racional. É claro que não devemos subestimar a importância da reflexão teológica, do pensamento teológico exato e preciso; ele continua absolutamente necessário. Mas daí a desdenhar ou rejeitar o impacto produzido pela resposta do coração no encontro com a beleza, considerada como uma autêntica forma de conhecimento seria empobrecer-nos, esgotar a nossa fé e a nossa teologia. Precisamos redescobrir esse modo de conhecer, e essa é uma necessidade urgente nos nossos dias.

No seu desenvolvimento histórico, a experiência cristã tornou-se húmus para algumas assombrosas expressões da beleza: a arquitetura religiosa, de Michelangelo a Gaudí; as impressões incandescentes transcritas pelos místicos (pensemos em Hildegarda de Bingen ou em São João da Cruz); os registros iconográficos que repetem traço a traço o incomensurável (as multidões diárias são a prova de que a Sistina arrepia todo mortal); as peças musicais que ressoam como inventários da alma ou como seu relâmpago; os dicionários imensos do natural e do sobrenatural; os símbolos, o laboratório de linguagens que infinitamente se desdobram. Mas todas essas expressões podem tornar-se simplesmente equívocas, pois a Beleza não é um patrimônio que a Igreja teve, ou tem, ou administra. A Beleza liga-se à revelação da própria Igreja, à sua identidade sobrenatural. Esse é o "grande mistério" referido na passagem da Carta aos Efésios (5,25-26): "[...] Cristo também amou a Igreja e se entregou por ela, [...] ele quis apresentá-la a si mesmo toda bela, sem mancha nem ruga [...]". A Igreja em Cristo, no mistério da sua natureza e da sua missão, é a aurora da visão, é esse arrebatamento, histórico e infinito, ao ponto de vista de Deus. De modo velado, mas tremendamente eficaz, ela constitui expressão e drama da sabedoria divina. Assim escreve Dionísio, o Areopagita, dando o exemplo de São Paulo:

> Sublime Paulo, caído sob o aguilhão do eros divino e tornado partícipe do seu poder extático, clama com voz inspirada: "Vivo, mas já não sou eu que vivo. É Cristo quem vive em mim". Ele fala, pois, como um verdadeiro amante, como alguém que, como o mesmo diz, está fora de si e vive extaticamente em Deus (2Cor 5,15), de tal maneira que já não vive a sua própria vida, mas a do amado, como alguém que está cheio de amor apaixonado.

A afirmação central, e tão glosada, de Jesus no Evangelho de João (10,11), que nos habituamos a ver, por todo lado, traduzida como "Eu sou o bom pastor", tem, de fato, outra possibilidade de sentido. Pode ser traduzida assim: "Eu sou o belo pastor". Na visita apostólica a Portugal, no discurso do Centro Cultural de Belém, Bento XVI deixou-nos o repto: "Fazei coisas belas, mas sobretudo fazei das vossas vidas lugares de beleza". Deixemo-nos tocar, encantar, enamorar, ferir pela Beleza que Deus revela em Jesus.

9

Rezar até a impossibilidade de rezar

A cada instante da sua vida, Jesus reza. Tome-se, por exemplo, o testemunho que nos dá o Evangelho de São Lucas. É "no momento em que Jesus se encontra em oração" que o Espírito se manifesta no batismo (3,22): "Tu és o meu Filho amado; em ti está o meu agrado"; antes de escolher os Doze, ele "passou a noite toda em oração a Deus" (6,12); a questão que provoca a "confissão de Pedro" é colocada aos discípulos num dia que "Jesus estava orando" (9,18); e se um deles lhe pede para que os ensine a orar, é porque viu o próprio Senhor "orando" (11,1). Cristo ora ainda para que a fé de Pedro não desfaleça (22,32) e, pregado na cruz, reza ao Pai pelos homens (23,34): "Pai, perdoa-lhes! Eles não sabem o que fazem!", e por si mesmo (23,46): "Pai, em tuas mãos entrego o meu espírito".

Para Jesus, a oração não fazia apenas parte da vida: ela era a vida. A sua existência era cumprida na presença de Deus, seu Pai, a cada instante. Jesus não esconde nada ao Pai. As suas alegrias e dores, as suas esperanças e as suas noites foram sempre partilhadas com o Pai.

A oração cristã não é uma viagem ao fundo de si mesmo. Não é um movimento introspectivo. Não é uma diagnose dos nossos pensamentos e moções externas ou íntimas. A oração cristã é ser e estar diante de Deus, colocar-se por inteiro e continuamente diante da sua presença, com uma atenção vigilante àquele que nos convida a um diálogo sem cesuras. Não é oferecer a Deus alguns pensamentos, mas entregar-lhe todos os pensamentos, tudo o que somos e experimentamos.

A oração é uma conversão de atitude, porque a verdadeira oração cristã descentra-nos de nós mesmos – das nossas preocupações e afanos, dos nossos desejos egóticos e pouco purificados – e orienta-nos para Deus, de modo que tudo o que passamos a desejar é a vontade de Deus, o dom do seu olhar, que, como dizia Santo Agostinho, é "mais íntimo a nós que nós mesmos". É o que a *Oração de Abandono*, do Beato Charles de Foucauld, traduz tão bem:

Meu Pai,
Eu me abandono a ti,
Faz de mim o que quiseres.
O que fizeres de mim,
Eu te agradeço.

Estou pronto para tudo, aceito tudo.
Desde que a tua vontade se faça em mim

E em tudo o que Tu criaste,
Nada mais quero, meu Deus.
Nas tuas mãos entrego a minha vida.
Eu te a dou, meu Deus,
Com todo o amor do meu coração,
Porque te amo.
E é para mim uma necessidade de amor dar-me,
Entregar-me nas tuas mãos sem medida
Com uma confiança infinita
Porque Tu és... meu Pai!

Quanto tempo devemos rezar? É essencial que existam tempos fortes neste caminho quotidiano de entrega e, com todo o realismo, temos mesmo de reservar em cada dia um quinhão para Deus e Deus só. Mas não nos iludamos: a oração não pode ser um compartimento do meu dia, um pequeno nicho que eu encho de pensamentos e fórmulas piedosas. A oração cristã é aquela que se desenvolve seguindo os passos de Jesus e, aí, rezar é viver, com todas as nossas forças e com toda a nossa realidade, na presença de Deus. Precisamos passar de um entendimento egocêntrico da oração para um entendimento teocêntrico, fundado afetiva e efetivamente em Deus. Pondo os nossos olhos em Cristo, os nossos olhos e o nosso coração aprendem, na graça do Espírito Santo, o caminho para o Pai. Todo o Ser de Jesus é uma intimidade e uma revelação permanente do Pai. "Ninguém jamais viu o Pai, a não ser aquele que vem de junto de Deus: este viu o Pai" (Jo 6,46).

Quanto tempo devemos rezar? No nosso interior devemos sentir que rezamos continuamente. Não há, talvez, outra maneira mais simples ou mais vibrante de compreender a natureza da oração de Jesus. Que lição maravilhosa e necessária concede-nos o clássico da espiritualidade cristã *Relatos de um peregrino russo ao seu pai espiritual.* Começa assim:

> Por graça de Deus sou homem e sou cristão; pelas minhas ações sou um grande pecador. Meus bens são: as costas, uma sacola com pão duro, a santa Bíblia no bolso e só... Por estado, sou peregrino da mais baixa condição, andando sempre errante de um lugar a outro. No vigésimo quarto domingo depois de Pentecostes, fui à igreja para ali fazer as minhas orações durante a Liturgia. Estava a ser lida a Primeira Epístola de São Paulo aos Tessalonicenses e, entre outras palavras, ouvi estas: "Orai incessantemente" (1Ts 5,17). Foi esse texto, mais que qualquer outro, que se inculcou em minha mente, e comecei a pensar como seria possível rezar incessantemente, já que um homem tem de preocupar-se também com outras coisas a fim de ganhar a vida.

A verdade é que a nossa conversão à oração contínua está longe de ser fácil. Experimentamos uma resistência inexplicável à ideia de vivermos vulneráveis, pobres e sem defesas diante de Deus. Não foram apenas Adão e Eva que, ao ouvirem os passos de Deus no jardim, se esconderam (Gn 3,8). Certamente, dispomo-nos a amar a Deus e a adorá-lo, mas queremos guardar para nós uma parte da nossa vida espiritual. Por isso caímos frequentemente na tentação de escolher muito bem os pensamentos que vamos ter presentes nos nossos colóquios com Deus. Seja por medo, seja por insegurança, facilmente damos um caráter demasiado introspectivo à oração e, muitas vezes, escondemos de Deus (mas será que podemos esconder?) aquilo, em nós, que está mais necessitado da sua ação transformante e pacificadora.

O peregrino russo faz um longo caminho, e longo também será o nosso. Mas, ajudado pela comunidade orante, ele chega realmente àquele ponto em que a oração se torna a presença ativa do Espírito de Deus, que conduz pela mão a nossa vida.

Lembremos algumas palavras marcantes que constituíram pedras de apoio no caminho do peregrino russo, que no fundo é o itinerário de todo o cristão:

1. "O Apóstolo disse: 'Orai sem cessar' (1Ts 5,17), isto é, ele nos diz que nos lembremos de Deus em qualquer altura e em todas as coisas. Em tudo o que faças, deves ter em mente o Criador de todas as coisas. Se vês a luz, lembra-te de quem ta deu. Se vês o céu, a terra, o mar e tudo o que neles se encontra, admira e enaltece o seu Criador. Ao te vestires, lembra-te de quem te deu essa dádiva e agradece-lhe, a ele, que provê a tua vida. Enfim, qualquer que seja o movimento, será uma razão para lembrar e enaltecer o Senhor. A tua alma estará sempre alegre se rezares sem cessar."

2. "A oração interior permanente é o esforço constante do espírito do homem para com Deus. Para que se tenha sucesso nesse piedoso exercício, deve-se pedir a Deus que ele nos ensine a orar sem cessar. Ao orares mais e aplicadamente, a oração por si só mostrar-se-á permanente. Para isso, é necessário bastante tempo."

3. "Dá graças a Deus, querido irmão, por ele ter despertado em ti o insuperável gosto do conhecimento pela oração interior permanente. Aceita o reconhecimento de Deus e acalma-te, certo de que até o momento presente operou-se em ti uma experiência de acordo com a tua vontade aos olhos de Deus, e que te foi dado compreender que não se alcança a luz celestial – a ora-

ção interior sem cessar – pelo conhecimento do mundo onde se vive, nem pelo desejo do conhecimento externo, mas, ao contrário, pela pobreza do espírito e pela experiência ativa, na simplicidade do coração."

4. "Senta-te em silêncio e isolado, baixa a cabeça, fecha os olhos, respira silenciosamente, imagina-te olhando para dentro do teu coração e faz com que o teu raciocínio, isto é, o teu pensamento, passe da cabeça para o coração. Ao respirares, diz: 'Senhor Jesus Cristo, tende piedade de mim!', mexendo os lábios silenciosamente ou apenas em pensamento. Esforça-te por afugentares os pensamentos, não te impacientes e repete cada vez mais este exercício."

5. "A oração interior e permanente de Jesus é a invocação ininterrupta do nome divino de Jesus Cristo, com os lábios, com a cabeça e com o coração, imaginando-o sempre na nossa presença, e pedindo-lhe a graça para todos os nossos atos, em qualquer lugar, em qualquer momento, até durante o sono. Expressamo-la com as seguintes palavras: 'Senhor Jesus Cristo, tende piedade de mim'. Finalmente, passado algum tempo, comecei a sentir que a oração, por si mesma, passava para o coração, isto é, o coração, no seu próprio ritmo, lá no seu interior, começou como que a dizer as palavras da oração, acompanhando a cadência: 1 – Senhor... 2 – Jesus... 3 – Cristo... e assim por diante. Deixei de dizer a oração com os lábios e comecei a escutar com fervor o que dizia o coração."

Jesus é o verdadeiro Mestre da oração cristã, quer porque a sua oração é o modelo de toda a oração, quer porque ele nos ensina a rezar. A parábola que Jesus conta em Lc 18,9-14 é um importante ensinamento sobre a oração.

[...] "Dois homens subiram ao templo para orar. Um era fariseu, o outro publicano. O fariseu, de pé, orava assim em seu íntimo: 'Deus, eu te agradeço porque não sou como os outros, ladrões, desonestos, adúlteros, nem como este publicano. Jejuo duas vezes por semana e pago o dízimo de toda a minha renda'. O publicano, porém, ficou a distância e nem se atrevia a levantar os olhos para o céu; mas batia no peito, dizendo: 'Meu Deus, tem compaixão de mim, que sou pecador!' Eu vos digo: este último voltou para casa justificado, mas o outro não. Pois quem se exalta será humilhado, e quem se humilha será exaltado".

Podemos rezar como o fariseu. O vocativo inicial, "Deus", confere às suas palavras uma cadência solene e retórica. A sua é uma oração autorreferenciada: ouve-se o "eu", "eu", "eu" por toda parte. O motivo de louvor que encontra é a diferenciação em face dos outros, que são isto e aquilo: ladrões, adúlteros, injustos, que são, sobretudo, como aquele publicano que está atrás dele no templo. Ele é um bom praticante, que se contempla a si mesmo, deslumbrado com as suas obras, que, na oração dele, não têm um caráter penitencial ou de súplica.

Enquanto o fariseu faz um uso do espaço sem grandes preocupações nem prurido (ele está simplesmente de pé e fala, fala muito), o publicano distingue o próximo e o distante, o alto e o baixo, o corpo e a palavra: ele se sente "longe", não ousa erguer o olhar e bate no peito enquanto profere algumas escassas palavras. Tem consciência daquilo que o afasta. Desloca-se não no eixo horizontal, mas no vertical. Ele não finge uma proximidade que não existe. Mas mostra-se assim, tal qual, a Deus. Quando, na oração, ele se identificar como "o pecador", isso não será um mero artifício do discurso, mas corresponderá a uma verdade existencial que a intensidade simbólica da sua atitude corporal vibrantemente corrobora.

Diversos autores consideram que o gesto do publicano, bater no peito, deve ser interpretado como um sinal da sua contrição. O significado mais frequente desse gesto, no mundo daquela época, é o de uma emoção intensa, provocada por um desgosto ou por uma situação desesperada, associando-se também à ideia de lamento. A sua angústia, porém, não é total: do fundo áspero da sua noite ele clama a Deus. E reza: "Meu Deus, tem compaixão de mim, que sou pecador". Essa passagem é a única do Evangelho em que a "pecador" se junta o artigo ("o" pecador). Isto não quer dizer que o publicano seja o maior pecador sob a face da terra, mas é assim que ele se sente e se coloca diante de Deus.

O ponto espiritual de viragem na parábola é esta atitude de verdade do publicano, em significativo contraste com a do fariseu. Ele faz convergir para Deus toda a sua vida, o seu bloqueio, as suas lágrimas, o seu desespero. Ele se coloca completamente na dependência de Deus. Que Deus faça. Que Deus tenha misericórdia. Rezar outra coisa não é expor-se a Deus, sem máscaras nem véus, nem falsas virtudes, nem diferenciações. É expor tudo. Expor até a nossa impossibilidade de rezar.

10

A pergunta do meio do caminho

"No meio do caminho desta vida/me vi perdido numa selva escura." Esses versos de Dante, num dos pórticos da sua *Divina Comédia*, mostram como há diferentes idades e tempos na nossa vida e como o chamado "meio da vida" traz-nos a experiência da complexidade. Muitas vezes, a sensação que nos sobrevém é a de uma desorientação ou de um certo adormecimento interior. Olhamos e a vida tornou-se uma floresta. As evidências parecem-nos menos frequentes e acessíveis. O caminho faz-se, agora, através de ramos e folhagens por vezes árduos de transpor. Levamos mais tempo entre um ponto e outro, quando em outros tempos essa viagem nos parecia tão imediata, transparente e possível.

Jesus vem ao nosso encontro em todas as idades e o encontro com ele torna cada estação uma hora de Graça. Há, de fato, uma possibilidade de Graça para o momento que estamos vivendo. Jesus dialoga conosco em cada tempo.

Falar dos tempos da nossa vida é falar das perguntas com as quais nos confrontamos. Há perguntas próprias dos inícios, há as perguntas que surgem a meio de e há as perguntas que acompanham o fim. Este texto surge-nos precisamente a meio do Evangelho de Marcos. E traz consigo a típica pergunta do meio do caminho.

> Jesus e seus discípulos partiram para os povoados de Cesareia de Filipe. No caminho, ele perguntou aos discípulos: "Quem dizem as pessoas que eu sou?" Eles responderam: "Uns dizem João Batista; outros, Elias; outros ainda, um dos profetas". Jesus, então, perguntou: "E vós, quem dizeis que eu sou?". Pedro respondeu: "Tu és o Cristo". E Jesus os advertiu para que não contassem isso a ninguém (Mc 8,27-30).

Jesus tinha chamado os discípulos. Uma relação nascera. Primeiro, colhendo entusiasmos, grandes sinais e sucessos. Quando os chamou, Jesus vinha sozinho (Mc 1,16) pela beira do lago. Depois, já há uma multidão (Mc 2,13). E, depois, torna-se incontrolável o ajuntamento em torno dele (Mc 3,7-9).

Já há o patrimônio de uma história vivida em comum: os discípulos codividiram com Jesus o tempo de tantas viagens, peregrinações, refeições, andanças em povoados e cidades, no deserto e no lago. Experimentaram sinais paradoxais: a própria família de Jesus acompanhava, com sobressalto, os inícios da sua missão (Mc 3,20-21); as autoridades perseguiam-no, desconfiadas dos seus reais propósitos; passaram por tempestades acalmadas; viram-no curar e ensinar..., caminhar sobre as águas e ser expulso de sinagogas... Ele lhes dissera coisas extraordinárias: "A vós é confiado o mistério do Reino de Deus. [...]" (Mc 4,11); contara-lhes histórias de uma extraordinária beleza: a semente (Mc 4,3-8), o grão de mostarda (Mc 4,30-32), o agricultor que dorme enquanto a semente cresce (Mc 4,26-29), mas chamara-os também de "medrosos" e de "gente sem fé", esperando deles uma coragem que lhes faltava...

Correm muitas ideias contraditórias acerca de Jesus: uns dizem que ele está dominado por espíritos impuros, outros confessam que é ele o profeta esperado. Ora é proclamado como bom mestre, ora repudiado como blasfemo... Podemos bem imaginar o coração dos discípulos!

Até que, um dia, estão muito longe. Estão longe do seu mundo. Longe do lago, quase à beira do Mediterrâneo. Longe de Jerusalém... Em Cesareia... E Jesus faz-lhes tais perguntas, que são aquelas do meio do caminho, perguntas adultas. A estação que os discípulos vivem é a de uma Fé que pode decidir em verdade. Já não estamos no entusiasmo inicial: já se viu e viveu o suficiente para dar uma resposta que não depende do que se ouve dizer, mas do que se crê sem mais. "E vós, quem dizeis que eu sou?"

A linguagem serve-nos para compreender, e comunicarmo-nos. Para dizer e para dizer-se. Mas, apesar da nossa decisiva inserção na linguagem, nos momentos cruciais da existência, fazemos a experiência da impossibilidade de dizermo-nos, ou de dizermo-nos totalmente. Os nomes representam o sujeito, mas o sujeito não é absolutamente idêntico ao nome. Por isso, não nos serve uma relação metonímica: isto é, a substituição de um nome por outro nome. Em vez de trabalho, por exemplo, dizer obra ou labor. Em vez de dizer esposa, dizer mulher... O sujeito aspira a uma dimensão simbólica, metafórica, que diga aquilo que radica no fundo como sua verdade, e que nenhum simples nome é capaz de dizer. É a esse plano de sentido que somos transportados pela pergunta de Jesus. Jesus não espera que os discípulos digam apenas o que veem com os olhos, mas que expressem o que tateiam com o coração.

Também Jesus sentiu a necessidade de ser dito, e dito mais profundamente, e dito com palavras que só aqueles que amam podem dizer. Na tradição rabínica, eram os discípulos que interrogavam o Mestre e não o contrário. No Jesus de Marcos encontramos as duas situações. Várias vezes os discípulos pedem um esclarecimento a Jesus. Mas também acontece (cf. 3,4; 9,33) que Jesus interpele os seus. Esse fato inédito manifesta a intensidade da relação que os ligava. Jesus não quer uma relação escolar: Ele deseja uma partilha de vida, de intimidade e de destino.

E, de fato, estranhamente (ou não!), os discípulos não respondem simplesmente (*na linha da metonímia*). Não dizem apenas "Tu és um homem", "És o filho de Maria", "És um mestre". Percebem que a pergunta do meio do caminho impele-nos a ir mais longe, a sondar o mistério profundo da própria identidade. Percebem que a resposta dada a meio do caminho tem de iluminar o que nos falta percorrer, tem de marcar a vida.

Jesus faz duas perguntas que traçam como que dois círculos: um exterior e um interior. O que se vê de fora e o que se vê de dentro. O que se vê com os olhos e o que se contempla com o coração. As duas perguntas – "Quem dizem as pessoas que eu sou?"; "E vós, quem dizeis que eu sou?" – estabelecem antes de mais nada uma distinção entre o pensar da multidão e o dos discípulos, nitidamente marcada pelo caráter enfático da segunda pergunta. O discípulo é chamado a ter um olhar capaz de mergulhar no mistério de Jesus, um olhar sem ambiguidades.

O que é que se vê de fora?

De fora, vê-se a identificação de Jesus com João Batista. O século I foi um tempo de correntes espirituais reformistas. O rio Jordão era um centro simbólico muito procurado por quem não se conformava à situação presente de Israel. Não é por acaso que João batiza no rio Jordão e que se dá uma sucessão dos ministérios de João e de Jesus (o início do ministério de Jesus tem lugar depois da prisão de João – Mc 1,14). João está realmente na linha de Jesus e aponta-o como mais forte do que ele, indigno de lhe desatar a correia das sandálias (Mc 1,7). Mas se a revelação de Jesus parece colocá-lo acima do precursor, no pensamento de muitos ele parece ser apenas um segundo João, eventualmente mais poderoso. Por isso dizem de Jesus: "É João Batista que ressuscitou" (cf. Mc 6,14).

De fora, vê-se a identificação de Jesus com Elias. Elias foi arrebatado ao céu, segundo a tradição bíblica. No Judaísmo contemporâneo de Jesus, acreditava-se que antes da aparição do Messias devia chegar Elias, desempenhando um papel escatológico para o estabelecimento do Reino de Deus. Elias teria a função de reconciliar Israel e prepará-lo para que o Senhor, ao chegar, não o destruísse por causa de seu pecado.

Entretanto, na tradição rabínica, Elias tornara-se um dos personagens mais populares da piedade judaica. O seu papel não se relacionava apenas com o futuro advento do Messias, mas ganhara um formidável lugar como intercessor e advogado das causas difíceis, fazendo dele o patrono de todos os atribulados.

Para Marcos, Elias já veio preparar o caminho, na pessoa de João, segundo a clara alusão de Mc 1,2-3. Mas muitos, no tempo de Jesus, insistiam em identificá-lo simplesmente com o profeta Elias.

De fora, vê-se a identificação de Jesus como um profeta. A atribuição do título de profeta, sobretudo pelas camadas populares, não era rara no tempo de Jesus. Vários personagens surgiram na Palestina do século I, intitulando-se como profetas ou sendo considerados como tal. A mensagem deles ia desde o apelo à conversão, como no caso de João Batista, até o fomento da revolta contra os romanos. Num tal contexto sociopolítico, a identificação de Jesus como um profeta afigura-se muito verossímil. Alguns comentadores veem mesmo neste título profético de Jesus uma alusão ao profeta escatológico mencionado em Dt 18,15.18.

Esta, embora insuficiente, é uma avaliação positiva de Jesus, que devia ser partilhada pela maioria daqueles que acorriam para ouvi-lo ou para usufruir da sua força taumatúrgica. Aos olhos de Marcos, porém, ela não basta, porque não exprime o caráter de novidade e de exclusividade que a figura de Jesus assume no Evangelho.

Do ponto de vista da narração de Marcos, as opiniões das pessoas que não pertenciam ao grupo dos discípulos são claramente insuficientes ou incorretas para descrever a pessoa de Jesus. Por que, então, a sua inclusão no texto? Por que não mencionou ele simplesmente a pergunta direta de

Jesus aos discípulos, com a confissão messiânica de Pedro? Serve para realçar o contraste entre o ver de fora e o ver de dentro, e permite chamar a atenção para as decisivas implicações do reconhecimento messiânico de Jesus.

O que se vê de dentro?

Jesus não comenta as opiniões dos de fora, mas interroga diretamente os seus discípulos sobre o que pensam dele. A formulação da pergunta, ao distinguir os discípulos dos restantes atores, mostra que Jesus espera deles uma apreciação mais profunda.

O fato de ser Pedro quem responde está de acordo com o programa narrativo de Marcos, que coloca sempre em evidência a figura desse discípulo. É ele quem normalmente toma a palavra em nome do grupo (9,5; 10,28; 11,21). É sempre o primeiro mencionado quando se nomeia o grupo. O seu protagonismo é sublinhado do princípio (1,36) ao fim (16,7).

As intervenções de Pedro, porém, não são completamente ajustadas. Ele duvida e discorda. Certamente, também ele terá de fazer o seu caminho na compreensão pascal de Jesus. Em 14,27-31, por exemplo, diz que dará a vida por Jesus mas, em 14,66-72, diz que não conhece "esse homem". As suas lágrimas são a última imagem que o Evangelho transmite dele, e espelha bem como foi na dificuldade e na prova que a sua Fé se fortaleceu. Podemos dizer que Pedro, de certa maneira, é apresentado por São Marcos como protótipo do discípulo, não apenas pelos aspectos positivos (que são claramente os mais importantes), mas também como figura paradigmática das dificuldades que têm de ser ultrapassadas para seguir o caminho de Jesus.

O discípulo é chamado a ver mais profundamente, a não contentar-se com o que ouve dizer. É impelido a tomar uma posição. O Evangelho não apresenta a compreensão de Jesus como algo de imediato, instantâneo e infalível. Ela, no coração da nossa Fé, está em formação. Nós vamos tateando, cada vez com mais transparência, a sua verdade. Não é por acaso que o Evangelho de Marcos é chamado de Evangelho do Caminho. A descoberta de Jesus é uma história que se prolonga. É a nossa história. Precisamos de humildade e de confiança. Aquela que fez, por exemplo, o Cardeal Newman dedicar a Jesus esta oração:

> Que importa se é tão longe, para mim,
> A praia aonde tenho de chegar,
> Se sobre mim levar constantemente
> Pousada a clara luz do teu olhar?
>
> Nem sempre te pedi como hoje peço
> Para seres a luz que me ilumina;
> Mas sei que ao fim terei abrigo e acesso
> Na plenitude da tua luz divina.
>
> Esquece os meus passos mal andados,
> Meu desamor perdoa e meu pecado.
> Eu sei que vai raiar a madrugada
> E não me deixarás abandonado.
>
> Se Tu me dás a mão, não terei medo,
> Meus passos serão firmes no andar.
> Luz terna, suave, leva-me mais longe:
> Basta-me um passo para a ti chegar.

Uma resposta
para guardar em silêncio

Não deixa de ser surpreendente a declaração final de Jesus, pedindo aos discípulos que transformem a declaração de Fé num segredo. "E Jesus os advertiu para que não contassem isso a ninguém" (Mc 8,30). Podemos perguntar-nos: por quê?

O silêncio dá-nos consciência de que estamos numa etapa ainda provisória, ainda de passagem. Os discípulos não podem, por agora, compreender o sentido pleno das palavras que proferiram, pois elas só serão esclarecidas pela totalidade do destino de Jesus, quando acontecer o Mistério da sua Páscoa. Os discípulos estão, por enquanto, impedidos de anunciar Jesus abertamente, mas depois dos acontecimentos pascais serão testemunhas autorizadas. É importante perceber que tudo em nós tem de passar pelo Mistério Pascal de Jesus.

Mas o silêncio imposto por Jesus tem também um motivo espiritual: quem ama sabe que o que o amor lhe pede, antes de tudo, é que aprenda a guardar o segredo do que é amado. No amor, dizemos uns aos outros: guardar o teu segredo é o meu segredo. A ordem do segredo reivindica para a pergunta do meio do caminho o horizonte e a experiência do amor. Somos chamados a guardar o segredo de Jesus e a deixar que este segredo, profunda e vitalmente, estruture-nos. Recomenda o Mestre Eckhart:

> É preciso que haja silêncio ali onde essa presença deve ser percebida. Não podemos chegar a ela de maneira melhor do que através do silêncio; ali a compreendemos de maneira correta: na ignorância! Quando não sabemos mais nada,

ela se deixa ver e revela-se. [...] É partindo do conhecimento que devemos chegar ao não conhecimento! Pois essa é uma forma superior de conhecimento.

"E vós, quem dizeis que eu sou?", pergunta-nos Jesus.

11

Emaús, laboratório da fé pascal

Naquele mesmo dia, o primeiro da semana, dois dos discípulos iam para um povoado, chamado Emaús, a uns dez quilômetros de Jerusalém. Conversavam sobre todas as coisas que tinham acontecido. Enquanto conversavam e discutiam, o próprio Jesus se aproximou e começou a caminhar com eles. Os seus olhos, porém, estavam como vendados, incapazes de reconhecê-lo. Então Jesus perguntou: "O que andais conversando pelo caminho?". Eles pararam, com o rosto triste, e um deles, chamado Cléofas, lhe disse: "És tu o único peregrino em Jerusalém que não sabe o que lá aconteceu nestes dias?". Ele perguntou: "Que foi?". Eles responderam: "O que aconteceu com

Jesus, o Nazareno, que foi um profeta poderoso em obras e palavras diante de Deus e diante de todo o povo. Os sumos sacerdotes e as nossas autoridades o entregaram para ser condenado à morte e o crucificaram. Nós esperávamos que fosse ele quem libertaria Israel; mas, com tudo isso, já faz três dias que todas essas coisas aconteceram! É verdade que algumas mulheres do nosso grupo nos assustaram. Elas foram de madrugada ao túmulo e não encontraram o corpo dele. Então voltaram, dizendo que tinham visto anjos e que estes afirmaram que ele está vivo. Alguns dos nossos foram ao túmulo e encontraram as coisas como as mulheres tinham dito. A ele, porém, ninguém viu". Então ele lhes disse: "Como sois sem inteligência e lentos para crer em tudo o que os profetas falaram! Não era necessário que o Cristo sofresse tudo isso para entrar na sua glória?". E, começando por Moisés e passando por todos os Profetas, explicou-lhes, em todas as Escrituras, as passagens que se referiam a ele. Quando chegaram perto do povoado para onde iam, ele fez de conta que ia adiante. Eles, porém, insistiram: "Fica conosco, pois já é tarde e a noite vem chegando!". Ele entrou para ficar com eles. Depois que se sentou à mesa com eles, tomou o pão, pronunciou a bênção, partiu-o e deu a eles. Neste momento, seus olhos se abriram, e eles o reconheceram. Ele, porém, desapareceu da vista deles. Então um disse ao outro: "Não estava ardendo o nosso coração quando ele nos falava pelo caminho e nos explicava as Escrituras?". Naquela mesma hora, levantaram-se e voltaram para Jerusalém, onde encontraram reunidos os Onze e os outros discípulos. E estes confirmaram: "Realmente, o Senhor ressuscitou e apareceu a Simão!". Então os dois contaram o que tinha acontecido no caminho, e como o tinham reconhecido ao partir o pão (Lc 24,13-35).

Que representa a experiência de Emaús? Dois discípulos ensaiam uma saída de cena, desalentados com o que lhes parece ser o desfecho dessa história, a mesma que suscitara neles expectativas tão altas ("Nós esperávamos que fosse ele quem libertaria Israel" – Lc 24,21), mas que os traz agora "entristecidos" e sem saber o que pensar. O narrador indica o nome de um, o "chamado Cléofas" (v. 18), mas isso não é suficiente para arrancá-los do anonimato, fato que talvez denuncie uma intenção universalizante do autor: aqueles dois são apenas "discípulos", quer dizer, são representantes de qualquer discípulo em confronto com a Fé pascal.

É na estrada que essa história começa e desenvolve-se (vv. 13-27). Dois dos discípulos caminham para uma aldeia que dista sessenta estádios de Jerusalém. A eles junta-se Jesus. No jogo que arquiteta o relato, os olhos dos discípulos estão, porém, impedidos de o reconhecerem, mas não os dos leitores, que desde o início estão informados da identidade daquele terceiro viajante. Tal informação é chave. O nó do problema não é, assim, ao contrário do que os discípulos pensam, a situação de Jesus: o que está verdadeiramente em causa é a situação deles. Não foi Jesus que desapareceu, eles é que ainda não aprenderam a encontrá-lo e a reconhecê-lo, prisioneiros de um *deficit* de conhecimento que ainda têm, e que os impede de aceitar a condição pascal de Jesus. Vale a pena reparar nas palavras utilizadas. O verbo "impedir", no uso que dele fazem os Evangelhos sinóticos, descreve o endurecimento de coração e é normalmente atribuído aos adversários de Jesus. Mesmo os discípulos têm de vencer a dureza de coração. O segundo verbo, "(re)conhecer", implica um conhecimento que integra não apenas a dimensão gnoseológica, mas também a afetiva.

Quando se afastam de Jerusalém, os discípulos não se separam dos acontecimentos que nela tiveram lugar:

Emaús, laboratório da fé pascal   91

vão ser chamados, sim, a afastar-se de uma leitura incipiente que fizeram de tais fatos. A hermenêutica pascal supõe uma deslocação interior, um distanciamento crítico em relação às próprias posições. Supõe Emaús. Os dois discípulos viam Jesus, mas sem o reconhecer, porque a visão deles era, ainda, a pré-pascal. Precisavam daquela catequese narrativa que o próprio Jesus ministra, daquela experiência de intimidade que se constrói no regresso ao Caminho, à Palavra e à Mesa, onde se dá a Fração do Pão.

Jesus toma a iniciativa: vem juntar-se a eles (v. 15) e inaugura um diálogo (v. 17), que irrompe propositadamente no discurso que aqueles dois mantinham (v. 14). A cisão introduzida por Jesus é confirmada pela reação dos discípulos: "com o rosto triste", eles "param" (v. 17) e, pela primeira vez, nomeiam Jesus ("[...] Jesus, o Nazareno, que foi um profeta poderoso em obras e palavras diante de Deus e diante de todo o povo"). Expondo a visão que têm de Jesus, os discípulos fazem um resumo do próprio Evangelho. Começam por referir-se a ele como o Nazareno, o que nos reenvia para os episódios em que a ligação com Nazaré é explorada. O episódio paradigmático é o da sinagoga (Lc 4,16-30), onde Jesus inicia o seu ministério. Também ali Jesus proclama a sua identidade e os seus concidadãos não o reconhecem. Num segundo momento, referem Jesus como profeta, um título que surge repetidamente para descrever o ministério pré-pascal de Jesus. Só na seção de Lc 4,14-9,50, por exemplo, é utilizado várias vezes, quer na boca de Jesus, quer de outras personagens. O relatório dos discípulos conclui, ainda, com um aceno ao poder das obras de Jesus, tão importante ao longo do seu ministério messiânico.

É depois que vem a descrição do "impedimento" propriamente dito, que tanto obstaculiza a compreensão dos discípulos:

[...] Nós esperávamos que fosse ele quem libertaria Israel; mas, com tudo isso, já faz três dias que todas essas coisas aconteceram! É verdade que algumas mulheres do nosso grupo nos assustaram. Elas foram de madrugada ao túmulo e não encontraram o corpo dele. Então voltaram, dizendo que tinham visto anjos e que estes afirmaram que ele está vivo. Alguns dos nossos foram ao túmulo e encontraram as coisas como as mulheres tinham dito. A ele, porém, ninguém viu" (vv. 21-24).

Note-se a importância que é dada à visão em três ocorrências. As mulheres têm uma visão de anjos. Não veem Jesus, contudo estiveram em contato com os mensageiros celestes que dizem que Jesus vive. E os discípulos viram o que as mulheres haviam dito sobre o sepulcro, mas não veem Jesus. O drama do ver/não ver mostra como o nosso relato está construído sob o signo das oposições. O sepulcro é um lugar contrário à vida. Como que se exige a passagem a um outro lugar, um lugar de vida, para Jesus revelar-se vivente. É o que todos os discípulos terão de descobrir.

Incapacidade de ver ou de crer?

Se a palavra dos discípulos permitiu ao leitor inteirar-se das suas esperanças desfeitas, agora, é o próprio Jesus que se dá a conhecer, num desígnio que claramente é de autorrevelação. Para isso, Jesus tem de distanciá-los da sua visão reduzida: "Como sois sem inteligência e lentos para crer em tudo o que os profetas falaram!" (v. 25). No início do episódio, o narrador dá-nos notícia do impedimento dos discípulos: eles estavam incapazes de o ver. O narrador reserva para Jesus a revelação da causa principal da cegueira dos discípulos: a incapacidade de crer. "Não era necessário que o Cristo sofresse tudo isso para entrar na sua glória?" (v. 26). A partir desse momento, o relato ganha em velocidade. O desconhecido explica as Escrituras aos dois companheiros de Emaús. Como comenta Michel de Certeau, "é Cristo que nos explica Cristo". Esta será uma etapa fulcral na conversão de ambos. Os próprios discípulos o expressam depois: "Não estava ardendo o nosso coração quando ele nos falava pelo caminho e nos explicava as Escrituras?" (v. 32). O coração deles era purificado, preparado para aceitar a novidade pascal.

Da estrada para a casa, da casa para a mesa

As razões que os discípulos apresentam para convencer Jesus a permanecer com eles parecem, à primeira vista, muito válidas: "[...] já é tarde e a noite vem chegando!" (v. 29). E explicitam o convite: "Fica conosco". O relato não fornece pormenores sobre a casa nem nos garante que ela seja a de um dos discípulos. Contudo esse convite sublinha um elevado grau de aproximação. Jesus deixa de ser um forasteiro. O repto a que permaneça traduz um desejo de relação e hospitalidade.

As casas, em Lucas, são territórios onde Jesus desenvolve preferencialmente o seu ministério sobre a revelação. A casa chega mesmo a representar uma alternativa ao Templo, e a tudo o que ele simboliza. O centro das casas, no

Evangelho, é a mesa e também aqui o movimento de Jesus é nessa direção: "[...] sentou à mesa com eles" (v. 30). Ora, é precisamente à mesa que, em Emaús, ocorre uma surpresa. Normalmente, a casa aparece associada àquele a quem pertence, e esse preside aos comensais. Aqui temos um elemento atípico. Ao longo de todo o episódio, a ação de Jesus foi relatada a par de ações dos discípulos. Aqui, os discípulos ficam suspensos. O v. 30 é o único momento do relato em que a ação pertence exclusivamente a Jesus ("Depois que se sentou à mesa com eles, tomou o pão, pronunciou a bênção, partiu-o e deu a eles"). Aquele que era o forasteiro agora é o anfitrião. Aquele que estava morto convida a partilhar a sua vida.

A sequência dos gestos de Jesus à mesa atesta que ele não só toma o pão como se dá naquele pão, num gesto que reenvia para a dádiva total, na hora máxima da cruz. A narrativa fica, assim, completamente alterada. Os discípulos compreendem, por fim, que estão continuamente na presença de Jesus, pelo dom da Fé pascal.

Emaús é um novo começo?

É muito estimulante a leitura que Xavier Thévenot propõe, avizinhando Lc 24 de Gn 1-3: o relato de Emaús é, na verdade, um novo Gênesis. Tal como no Gênesis, a criação acontece aqui por intervenção da palavra ("Deus disse: 'Faça-se a luz!'. E a luz se fez. À luz Deus chamou "dia" e às trevas chamou "noite" [...] Deus disse: 'Faça-se um firmamento [...]'. E assim se fez. Deus disse: [...]" – Gn 1,1-31). Também Jesus abre o sentido da Escritura, ele que é o Verbo de Deus. Isso lhe permite retirar os discípulos do plano enganador dos sinais, fazendo-os passar do desejo de ver ao desejo de crer. Mas enquanto o Gênesis relata um desencontro (quando Adão e Eva abrem os olhos, reconhecem que estão sós e nus – cf. Gn 3,7), Emaús narra um encontro, uma recriação em vista da intimidade e da certeza da Fé. A recriação efetiva-se com o regresso dos discípulos a Jerusalém. A dificuldade de ver Jesus determinou a sua partida para longe. O reconhecimento de Jesus naquela casa, e na gestualidade eucarística daquela mesa, leva-os agora ao caminho de regresso. É aqui que entra em cena a comunidade dos Onze e daqueles que permaneceram com eles em Jerusalém. A comunidade reunida aparece como fator de antecipação e confirmação da experiência que os dois de Emaús vêm testemunhar. Antes mesmo de falar, eles assentem na Fé que a comunidade proclama: "Realmente, o Senhor ressuscitou e apareceu a Simão!" (v. 34). Os olhos deles, como os nossos olhos, são abertos pela Fé.

12

Mais do que viajantes, peregrinos

O escritor de viagens Bruce Chatwin, que escreveu muito sobre o espírito da viagem, confessa na sua obra *Anatomia da Errância* que a pergunta-chave de que devemos partir é a seguinte: "Por que é que os homens se deslocam em vez de ficarem quietos?". Essa pergunta reconduz-nos, como veremos, ao centro do mistério do próprio homem.

"Por que é que os homens se deslocam em vez de ficarem quietos?" As viagens nunca são apenas exteriores. Não é simplesmente na cartografia do mundo que o homem viaja. Seria não perceber o fundo do ser humano, por exemplo, não identificar em toda esta inquietação que se apodera dele nos meses de verão o desejo de mais, de ir mais longe. Deslocar--se implica uma mudança de posição, uma maturação do olhar, uma abertura ao novo, uma adaptação a realidades e linguagens, um confronto, um diálogo tenso ou deslumbrado, que deixa necessariamente impressões muito fundas. A experiência da viagem é a experiência de fronteira e do aberto, de que o homem precisa para ser ele próprio. Nesse sentido, a viagem é uma etapa fundamental da descoberta e da construção de nós próprios e do mundo. É a nossa consciência que deambula, descobre cada detalhe do mundo e olha tudo de novo como da primeira vez. A viagem é uma espécie de propulsor desse olhar novo. Por isso, é capaz de introduzir na nossa vida e nos seus quadros, na sua organização, elementos sempre inéditos que podem operar aquela recontextualização radical que, em vocabulário cristão, chamamos "conversão".

A Fé é uma viagem e leva-nos a ela. Abraão é um viajante. Moisés descobre a sua vocação e missão como mandato de itinerância. Muitos dos profetas de Israel, de Elias a Jonas, viveram como exilados e banidos. Jesus não tinha "onde reclinar a cabeça" (Lc 9,58), habitando e dando sentido a um trânsito permanente. Os seus discípulos são enviados em missão pelos quatro cantos da terra:

> Jesus se aproximou deles e disse: "Foi-me dada toda a autoridade no céu e na terra. Ide, pois, fazer discípulos entre todas as nações, e batizai-os em nome do Pai, do Filho e do Espírito Santo. Ensinai-lhes a observar tudo o que vos tenho ordenado. Eis que estou convosco todos os dias, até o fim dos tempos" (Mt 28,18-20).

Mais do que viajantes, descubramo-nos peregrinos

É o que Paulo nos ensina. A história dele tem claramente um segredo, um acontecimento que ocorre precisamente enquanto ele "estava a caminho" (cf. At 9,3), enquanto cumpria um itinerário de viagem, que viria a ser redimensionado pelo encontro com Jesus.

Na Carta aos Gálatas, Paulo dá-nos, em primeira pessoa, o relato desse encontro, e fá-lo de forma extraordinariamente despojada, mas não menos intensa, descrevendo-o como um apelo, uma eleição que ocorreu já no seio materno, à maneira daquilo que acontece com os profetas. Trata-se, evidentemente, de uma experiência mística, contada com as categorias que um judeu piedoso poderia perceber "Quando, porém, àquele que me separou desde o ventre materno e me chamou por sua graça, agradou revelar-me o seu Filho, para que eu o anunciasse aos pagãos, [...]" (Gl 1,15-16). Paulo pensa de modo particular no Livro de Isaías (49,1) e no Livro de Jeremias (1,5), e sonda o seu próprio destino como um chamamento desde o princípio. Para explicar esse acontecimento, Paulo usa um verbo que quer dizer "Deus descobre em mim o que estava escondido e o revela".

É possível começar uma viagem caído por terra?

Pois é assim que a viagem de Paulo, que a nossa viagem começa. O Livro dos Atos dos Apóstolos há de voltar, por três vezes, a contar aquilo que Paulo descreveu de forma sintética na sua Carta aos Gálatas. Lucas faz uma grande meditação teológica sobre esse encontro imperscrutável, verdadeira bússola que para sempre norteará a trajetória de Paulo. O encontro com Cristo marca a nossa vida para sempre. O fato de contar o episódio por três vezes – em At 9,1-18; 22,1-21; 26,1-23 –, com microscópicas, mas insinuantes alterações de relato para relato, mostra a importância decisiva que lhe dá, que não é apenas factual, mas é da ordem do sentido, é teológica. Precisamos também nós rever, voltar a colocar no coração a história desse encontro com Cristo.

At 9,1-18 salienta o choque entre a luz e a cegueira de Paulo. Ele é cercado de luz e fica cego, e por três dias permanece sem ver, sem comer nem beber. Todas as representações de Deus que Paulo tinha como que se desfazem. E é no meio do silêncio das imagens que Paulo abre-se ao caminho de Deus, à nova revelação de Deus.

No segundo relato – At 22,1-21 –, o móbil essencial não é tanto a luz, mas a própria voz, voz que os companheiros não ouvem e que só Paulo escuta. Nós sabemos a importância do escutar na tradição bíblica, como a escuta formou o Povo de Deus da Antiga Aliança e há de formar o Povo de Deus da Nova.

O terceiro relato – At 26,1-23 – sublinha a importância do ver. De fato, não se trata de uma doutrina, mas de um acontecimento pessoal, experimentado e visto pelo próprio apóstolo. Esse ver não é apenas um observar com os olhos da carne: é o ser visto, é o passar a ver com os olhos da fé, é aquele movimento interior à própria revelação.

O segredo de Paulo é Cristo

O acontecimento de Cristo inaugura na vida de Paulo uma viagem radicalmente nova. Quando Paulo pensa o que é a sua própria existência e a existência do homem no mundo, não a poderá jamais dissociar da revelação pascal de Cristo. Tudo parte de Cristo. Ele descobre que nós somos por ele. É por Cristo que nós somos, no Pai e no Espírito. Cristo, pela sua morte e ressurreição, introduz-nos numa relação nova e dinâmica com Deus. Temos acesso à sua intimidade. É interessante a palavra "acesso" (em grego: *prosagogé*), que nos é citada tanto em Rm 5,2 como em Ef 3,12. A etimologia dessa palavra liga-se ao ritual que, nas cortes, levava os íntimos do rei a ter com ele uma proximidade direta, que, claramente, a maioria dos súditos não teria. Cristo é aquele que nos dá esse acesso à intimidade do Pai. E é a essa luz que a existência humana pode verdadeiramente ser qualificada de nova.

A vida de Paulo, como a de todo peregrino e viajante, é uma vida recheada de provações, de fatos inesperados, de contrariedades. Mas podemos ter confiança, como nos diz a Carta aos Efésios 3,17-21:

> Que ele faça Cristo habitar em vossos corações pela fé, e que estejais enraizados e bem firmados no amor. Assim estareis capacitados a entender, com todos os santos, qual a largura, o comprimento, a altura, a profundidade...; conhecereis também o amor de Cristo, que ultrapassa todo conhecimento, e sereis repletos da plenitude de Deus. Àquele que tem o poder de realizar, por sua força agindo em nós, infinitamente mais que tudo que possamos pedir ou pensar, a ele a glória na igreja e no Cristo Jesus, por todas as gerações, na duração dos séculos. Amém.

A razão dessa confiança que nós podemos ter, Paulo explica-a claramente: é a superabundância, a plenitude, o pleroma inultrapassável da graça de Cristo. Nós somos associados a Cristo e a nossa existência torna-se uma existência crística. Por isso, toda a teologia de Paulo é fundada sobre uma descrição das transformações que acontecem ao homem na sua peregrinação para Deus, em Cristo. É uma verdadeira teologia da viagem da qual a Cruz e a Ressurreição são o mapa e o caminho, a sede e a fonte. "Eu vivo, mas não eu: é Cristo que vive em mim" (Gl 2,20).

Quando se faz uma peregrinação, muitas vezes nos interrogamos onde é que ela termina, porque uma das coisas que se experimenta é que, à medida que caminhamos, a realidade torna-se sempre mais aberta. Quando o peregrino chega a perceber no seu coração, então é que começa verdadeiramente. A peregrinação não tem propriamente um fim: tem uma extraordinária finalidade. A de Paulo é Cristo. E a nossa também.

13

O Magnificat é, talvez, o mais belo poema

Há dois escritores cristãos que comentam de maneira original o *Magnificat*. Começarei por aí. Primeiro, Claudel. Paul Claudel perdeu a Fé durante a sua juventude. Era, podemos dizer, uma Fé herdada, sociológica... A sua descoberta de Deus, a conversão que o irá transformar por completo, ocorre mais tarde, num dia em que ele entra, quase por acaso, na Catedral de Notre-Dame, em Paris, e ouve cantar o *Magnificat*. Claudel conta o que sentiu:

> Num momento, todo o meu coração se comoveu como nunca; eu acreditei por dentro e com todas as forças; todo

o meu ser era como que violentamente arrebatado para o Alto. E havia em mim uma convicção tão forte, uma segurança tão indescritível, que fez desaparecer todos os resquícios das anteriores dúvidas.

Depois, o comentário que, quase *en passant*, Sophia de Mello Breyner Andresen, uma das mais importantes poetas da língua portuguesa, faz em entrevista a um jornal cultural (*Jornal de Letras*, 16 de fevereiro de 1982): "Penso, muitas vezes, que o *Magnificat* é talvez o mais belo poema que existe. É um poema que 'anuncia', que não canta apenas a terra como Homero. Entre dois mundos, na encruzilhada da história, uma mulher levanta-se e diz o poema da Salvação".

Precisamos olhar com olhos novos este texto que, muitas vezes, a rotina aprisiona, mas que é, em si, uma fonte inesgotável de jubilosa vida espiritual.

Quando aceitou a mensagem do Anjo, Maria traduziu o seu assentimento com uma fórmula de brevidade fulminante (não caiu na nossa tentação de, a propósito de tudo, fazer discursos). Disse apenas: "Eis aqui a serva do Senhor! Faça-se em mim segundo a tua palavra" (Lc 1,38). Através do *Magnificat* Maria vai ter oportunidade de prolongar o seu sim, revelando que conhece bem as suas implicações profundas. No *Magnificat*, Maria irrompe do seu silêncio e explica o que significa o seu assentimento. E faz isso da forma mais simples e verdadeira, interpretando primeiro a sua própria experiência de Fé e ancorando-se, depois, naquilo que a História da Salvação lhe ensina acerca de Deus e acerca da missão do Povo de Deus no mundo.

Sobre o *Magnificat* podemos dizer essas duas coisas. Ele é o grande resumo da experiência de Maria. O *Magnificat* não é um parêntese: ele supõe tudo, mas tudo mesmo, o que Maria viveu. É impossível conhecê-la sem tomar demoradamente estas palavras, que são a tradução dos seus sentimentos íntimos em face do seu destino. Se ela agora canta "[...] porque ele olhou para a humildade de sua serva. Todas as gerações, de agora em diante, me chamarão feliz, [...]" (v. 48), é porque corajosamente já se havia declarado "a serva" e "a escrava" do Senhor na hora da Anunciação (v. 38), e Isabel já a tinha saudado como "bendita, entre as mulheres" (cf. v. 42). O reconhecimento, por parte de Maria, de que "o Poderoso fez para mim coisas grandiosas" (v. 49) vem na continuidade da afirmação do Anjo de que "para Deus nada é impossível" (v. 37). E se é verdade que o motivo que desperta o canto é um acontecimento pessoal concreto, depressa este se torna num hino de louvor à ação de Deus, que foi e é em todas as situações da vida de Maria – e das nossas próprias – "o Salvador", "o Santo", "o Poderoso", "o Operador de Maravilhas", "o Misericordioso". No *Magnificat*, Maria canta a sua própria história. E isso nos desafia a fazer o mesmo. Ninguém vive uma vida espiritual fecunda enquanto não for capaz de assumir aquilo que é na sua originalidade, se não for capaz de construir a relação com Deus como um diálogo vivo entre um "eu" e um "tu". A oração de Maria não é feita de fórmulas. Ela expõe a sua vida naquilo que diz.

Por outro lado, na articulação fortíssima que o *Magnificat* tem com a tradição bíblica que o precede, podemos perceber como Maria busca alimento e luz na Palavra de Deus. A sua experiência de fé não a lança para um circuito fechado e solipsista, mas coloca-a numa abertura ao que está antes e ao que virá depois: ela busca confirmação no percurso de fé da comunidade do Povo de Deus e apoia-se nos grandes modelos crentes. Tanto a arquitetura global do

Magnificat como as ideias nele expressas, até as frases e as palavras utilizadas, refletem passagens já ditas, já experimentadas no Antigo Testamento. O *Magnificat* inteiro é um autêntico mosaico de expressões bíblicas anteriores. E isso não é um plágio, é sentir que a nossa história de Fé alimenta-se e continua outras histórias.

Por isso, o mais importante nem é sequer determinar o episódio ou o passo concreto do Antigo Testamento que podem ter servido exatamente como inspiração para o *Magnificat*, porque o que é difícil é não encontrar ali, para cada frase do *Magnificat*, uma correspondência. O que é fecundo espiritualmente é termos consciência do modo como Maria, nesse seu cântico, emerge como perfeita representante do povo crente. Ela testemunha que o amor de Deus pelos homens é mesmo verdade, que Deus é mesmo fiel à vida dos homens, que as suas promessas se realizam. Neste sentido, a proclamadora do *Magnificat* é verdadeiramente ícone do Povo de Deus que caminha.

A sua oração é absolutamente sua, porque expõe fatos concretos da sua história, mas essa singularidade inscreve-se numa amplidão comunitária. Isso é, na verdade, o que se espera de toda a oração: a capacidade, por um lado, de ser formulada, como o *Magnificat*, na primeira pessoa do singular. E, por outro, a capacidade de unir a sua história concreta ao horizonte mais vasto dos planos de Deus e da missão da comunidade dos crentes.

O cântico do *Magnificat* aparece-nos unicamente relatado pelo Evangelho de São Lucas. A primeira parte do Evangelho, chamada de "Evangelho da Infância", tem vários cantos: o canto de Zacarias, pai de João Batista; o canto de Isabel ao acolher Maria; o canto dos anjos anunciando o nascimento de Jesus; o cântico do velho Simeão... Todos eles mostram como o grande tema do Evangelho de São Lucas é a salvação e como a experiência da salvação coloca--nos de pé, enche-nos de um entusiasmo irreprimível e faz--nos cantar.

Ora, a primeira referência explícita à salvação que se encontra no Evangelho está precisamente no *Magnificat*, esta descrição que Maria faz de Deus como seu salvador (1,47). E, surgindo o *Magnificat* no primeiro capítulo do Evangelho, percebe-se o desejo evidente de unir o princípio do Evangelho à última frase do Livro dos Atos dos Apóstolos (como sabemos, também escrito por São Lucas), onde se diz que aos pagãos se anunciou também a Salvação de Deus (cf. At 28,23-28). Quer dizer que cada parte do Evangelho, e a obra no seu conjunto, outra coisa não farão que mostrar como a salvação se dilata, amplia e propaga. O *Magnificat* tem, assim, uma verdadeira função programática. Isto é, o *Magnificat* não é apenas uma passagem ou um fragmento do Evangelho de Lucas: ele permite-nos realmente reconstituir e tocar o sentido da totalidade.

O *Magnificat* pode ser organizado em três partes, como um poema que fala não apenas de um acontecimento isolado da vida de Maria, mas como um espelho da sua existência inteira:

1) Nos vv. 46-49, Maria canta a sua vocação pessoal

Maria então disse: "A minha alma engrandece o Senhor, e meu espírito se alegra em Deus, meu Salvador, porque ele olhou para a humildade de sua serva. Todas as gerações, de agora em diante, me chamarão feliz, porque o Poderoso fez para mim coisas grandiosas. O seu nome é santo, [...]

2) vv. 50-53, Maria percebe que o amor de Deus que ela experimentou não é diferente do agir permanente de Deus na História da Salvação

[...] e sua misericórdia se estende de geração em geração sobre aqueles que o temem. Ele mostrou a força de seu braço: dispersou os que têm planos orgulhosos no coração. Derrubou os poderosos de seus tronos e exaltou os humildes. Encheu de bens os famintos, e mandou embora os ricos de mãos vazias.

3) Nos vv. 54-55, Maria percebe que a sua vocação comunica e insere-se na missão do Povo de Deus

Acolheu Israel, seu servo, lembrando-se de sua misericórdia, conforme prometera a nossos pais, em favor de Abraão e de sua descendência, para sempre.

1a) Maria canta o que ela é, a sua vocação pessoal (vv. 46-49)

O *Magnificat* é um cântico de louvor. "Cantai ao SENHOR um cântico novo" (Sl 96,1), desafia o salmista. No Livro de Jó, diz-se que o Deus criador quer ser celebrado pelas "aclamações dos astros da manhã e pelo aplauso de todos os filhos de Deus" (cf. Jó 38,7). Na primeira aliança com Moisés, este e os filhos de Israel cantaram ao Senhor, depois da passagem do mar Vermelho. E Miriam, irmã de Moisés, tomou a iniciativa, e outras mulheres saíram após ela, cantando: "Cantai ao Senhor porque estupenda foi a vitória: cavalo e cavaleiro ele jogou no mar!" (Ex 15,21). O Povo de Deus descobria-se, assim, amado e salvo por Deus, e só podia cantar! Davi, o rei segundo o coração de Deus, diz-nos o texto bíblico (2Sm 6,5), dançou "diante [da arca] do SENHOR com todo o entusiasmo", num cortejo festivo onde não faltavam "cítaras, harpas, pandeiros, sistros e címbalos". Contam os Atos dos Apóstolos que Paulo e Silas, ao experimentarem que Deus os liberta da prisão, porque tem um plano salvador para eles, também entoam hinos. E no Livro do Apocalipse, numa meditação sobre a vocação e a missão da Igreja, os cristãos caminham "sobre um mar de vidro", e cantam: "[...] "Grandes e admiráveis são as tuas obras, Senhor Deus, Todo-Poderoso! Justos e verdadeiros são os teus caminhos, ó Rei das nações!" (Ap 15,2-3).

Por que canta Maria? A resposta mais bela e mais óbvia está, talvez, num verso de São João da Cruz: "Todos os apaixonados cantam!". Maria canta porque está enamorada. É muito importante notar que a oração mariana por excelência não coloca em cena ideias, mas fatos. A oração de Maria não é impessoal nem abstrata. Ela brota do núcleo mais intenso, impetuoso e empenhado do seu ser. A silenciosa e obediente "escrava do Senhor" rompe agora em gritos de júbilo. Porém não se louvando a si mesma, mas a Deus que salva. Há um discurso célebre de um índio, no continente americano, que, denunciando a avidez pela posse e pelo egoísmo dos "homens brancos", diz que "o homem branco torna Deus mais pobre". O cântico e a atitude de Maria são o contrário. Ela magnifica, isto é, faz Deus grande, com todas as energias que encontra em si e a partir de si.

Maria reconhece a sua pequenez diante da grandeza de Deus, e porque a reconhece é que pode também alegrar--se. Colocar a nossa vida nua, a nossa vida inteira e pequenina nas mãos de Deus em nada nos diminui. São Paulo há de escrever, na linha do *Magnificat*, "quando sou fraco, então sou forte", porque nos basta a Graça de Deus (2Cor

12,10). Às vezes, perguntamo-nos o que é que nos falta. O que é que nos falta para sentirmo-nos felizes? O que é que nos falta para os outros nos considerarem bem-aventurados? E facilmente vivemos nessa inquietação insaciável. A Senhora do *Magnificat* ensina-nos que não nos falta nada, não falta nada a cada um de nós para deixar-se incendiar e transformar pela Graça de Deus. Deus ama-nos sem por que, ama-nos porque nos ama. A fraqueza que achamos dentro de nós não é um obstáculo ao seu amor, ao contrário do que pensamos. Deixemos Deus amar a nossa pequenez, insignificância, escassez, o nosso nada. Porque só isso permitirá que abramos realmente as portas do nosso coração a Deus e aí ele possa dizer que a nossa vocação, qualquer que ela seja, será o Amor.

2a) A vocação ao Amor, de Maria, é confirmada pelo agir amoroso de Deus na História (vv. 50-53)

Na primeira parte, Maria contou que Deus realiza nela uma nova criação, partindo do seu nada. A segunda parte do *Magnificat* (vv. 50-53) é a comprovação que esse fato encontra quando se medita no modo de Deus atuar ao longo da História da Salvação. Deus agiu assim em Maria, porque é assim que Deus age sempre. O Deus criador, o Senhor Todo-Poderoso revela, ao longo de todos os tempos e em Jesus plenamente, que o seu poder é Amor e Misericórdia. Maria, filha do Povo da Aliança, assinala essa característica de Deus tanto na história concreta de Israel como na história da sua vocação. Como aconteceu com ela, também ao longo das gerações, Deus agiu amorosamente em favor dos pobres, dos pequenos, dos últimos. Jesus há de celebrar isso, também em forma de cântico, em Mt 11,25: "Eu te louvo, Pai, Senhor do céu e da terra, porque escondeste estas coisas aos sábios e entendidos e as revelaste aos pequeninos". É assim em todos os tempos. Somos, por isso, chamados a confiar, sobretudo, na bondade e na Misericórdia de Deus. Como dizia o teólogo Dietrich Bonhoeffer, "Deus não realiza todos os nossos desejos, mas é fiel e cumpre todas as suas promessas". Maria é modelo porque acreditou, com uma fé inquebrantável, no poder e na atualidade da Misericórdia de Deus.

Chegamos, assim, aos vv. 51-53. Maria, concretizando a ação da Misericórdia de Deus, diz: "Ele mostrou a força de seu braço: dispersou os que têm planos orgulhosos no coração. Derrubou os poderosos de seus tronos e exaltou os humildes. Encheu de bens os famintos, e mandou embora os ricos de mãos vazias". A Salvação que Deus vem assegurar a todos os homens não faz abstração das situações concretas da sua existência: como há um pecado pessoal e um pecado social (que tem a ver com as estruturas sociais de pecado), também a conversão é individual e, ao mesmo tempo, comporta implicações e compromissos em vista da transformação do mundo, segundo a Justiça e o Amor. Como depois a Primeira Carta de São João (4,20) há de dizer: "Se alguém disser: 'Amo a Deus', mas odeia o seu irmão, é mentiroso; pois quem não ama o seu irmão, a quem vê, não poderá amar a Deus, a quem não vê". O Cristianismo introduz na história uma tensão de amor, de justiça e de verdade. Todos estão colocados perante o poder de Deus, ele é o Senhor. Todos dependem dele. E se o *Magnificat* canta a transformação que Deus pode operar, é para afirmar que todos estamos colocados nas suas mãos. Na carta sobre o novo milênio, João Paulo II desafiou a Igreja deste tempo, a Igreja que nós somos, a redescobrir "a fantasia da caridade". Isso quer dizer: colocar energias, criatividade, sabedoria, entusiasmo na busca de soluções que expressem a alternativa de amor que o *Magnificat* profeticamente aponta.

3a) Maria insere a sua vocação na missão do Povo de Deus (vv. 54-55)

Os dois versículos conclusivos do Magnificat dizem: "Acolheu Israel, seu servo, lembrando-se de sua misericórdia, conforme prometera a nossos pais, em favor de Abraão e de sua descendência, para sempre". No final, Maria contempla a história do Povo de Deus que começou com a vocação de Abraão, a quem Deus havia prometido: "Farei de ti uma grande nação e te abençoarei: engrandecerei o teu nome, de modo que ele se torne uma bênção. [...] Em ti serão abençoadas todas as famílias da terra" (Gn 12,2-3). Nenhum homem é uma ilha, diz-nos o *Magnificat*. A vocação de cada mulher e de cada homem liga-se à memória e à atualidade da missão do Povo de Deus. Todos nós somos herdeiros e transmissores de vida. Maria ajuda-nos a ver como em cada um confluem todas as promessas de Deus, todos os sonhos, todas as misericórdias. Deus criou o Ser Humano para te poder criar a ti. Deus abençoou a criação inteira para que tu, em cada nascer do sol e em cada poente, te sentisses abençoado. Deus escutou os lamentos e as lágrimas do seu povo no Egito para poder escutar hoje a tua aflição e o teu grito. Deus inspirou os profetas para que hoje não te faltassem as palavras de consolação e de esperança de que precisas. Deus fez nascer Homem o seu Filho, para que hoje tu pudesses nascer mais perto de Deus.

E, ao mesmo tempo, Maria situa-se no limiar do tempo novo, como aurora de uma inédita e vastíssima esperança de que ela é transmissora. Ela é o ícone da Igreja que caminha, protetora e intercessora em favor da Igreja. Também daqui brota um desafio fundamental para nós. O de vivermos dando a vida. O de contrariarmos o individualismo culturalmente dominante, entendendo a nossa vida como serviço e dedicação aos irmãos. Nós só perdemos aquilo que não damos.

Sumário

1 A lâmpada de Deus não se apagou 7

2 Acende a tua candeia 13

Reaprender a arte da busca 16

Acender a luz 16

Varrer 17

Buscar cuidadosamente 18

"Alegrai-vos comigo!" 19

3 Um tesouro escondido 21

4 Os velhos deviam ser como exploradores 27

5 Deus faz-me sorrir 37

6 A nossa vida é uma paisagem onde Deus se vê 45

7 Mostra-nos o Pai 53

8 Reconciliar-se com a beleza 63

9 Rezar até a impossibilidade de rezar 71

10 A pergunta do meio do caminho 79

O que é que se vê de fora? 83

O que se vê de dentro? 85

Uma resposta para guardar em silêncio 87

11 Emaús, laboratório da fé pascal 89

Incapacidade de ver ou de crer? 93

Da estrada para a casa, da casa para a mesa 94

Emaús é um novo começo? 95

12 Mais do que viajantes, peregrinos 97

Mais do que viajantes, descubramo-nos peregrinos 99

É possível começar uma viagem caído por terra? 99

O segredo de Paulo é Cristo 100

13 O *Magnificat* é, talvez, o mais belo poema 103

1) Nos vv. 46-49, Maria canta a sua vocação pessoal 107

2) vv. 50-53, Maria percebe que o amor de Deus que ela experimentou não é diferente do agir permanente de Deus na História da Salvação 108

3) Nos vv. 54-55, Maria percebe que a sua vocação comunica e insere-se na missão do Povo de Deus 108

Paulinas

Rua Dona Inácia Uchoa, 62
04110-020 – São Paulo – SP (Brasil)
Tel.: (11) 2125-3500
paulinas.com.br – editora@paulinas.com.br
Telemarketing e SAC: 0800-7010081